Knaur
MensSana

Über den Autor:

Erich-Peter Kirschner verfügt über jahrzehntelange Meditationspraxis und weit reichende Kenntnisse der verschiedenen Meditationsarten und -traditionen. Er ist Meditationslehrer und bietet Kurse und Seminare an. Er lebt in Baar-Wanderath.

Erich-Peter Kirschner

Wege zu Ruhe und Kraft

Meditation für Menschen von heute

Mit Illustrationen

Knaur
MensSana

Besuchen Sie uns im Internet: www.droemer-knaur.de
Alle Titel aus dem Bereich MensSana finden Sie im Internet unter
www.knaur-mens-sana.de

Originalausgabe November 2005

Illustrationen: Patrick Schier
Umschlaggestaltung: ZERO Werbeagentur, München
Umschlagabbildungen: Getty Images / Lauren Burke und Photonica / Lottie
Satz: Pinkuin Satz und Datentechnik, Berlin
Druck und Bindung: GGP Media GmbH, Pößneck
Printed in Germany
ISBN-13: 978-3-426-87249-9
ISBN-10: 3-426-87249-8

2 4 5 3 1

Inhalt

Teil 2

Praktische Übungen und Meditationsanleitungen

Man kann uns Menschen mit einem blind
gewordenen Spiegel vergleichen.
Durch Meditation kann man den Spiegel wieder
polieren und erkennen, wer oder was man ist.

George Harrison

Vorwort

Der moderne Hochleistungsmensch hat es weitgehend verlernt, in Ruhe und Gelassenheit sein Leben zu gestalten und ohne Negativstress ein ausgeglichenes, zufriedenes und friedfertiges Dasein zu führen. Die riesigen Informationsmengen, die täglich auf ihn einstürzen, die ständige Manipulation durch Werbung und andere Meinungsmacher, die rasante technische Weiterentwicklung (die morgen schon wieder überholt ist) und der Aufenthalt in virtuellen Welten bewirken eine krank machende Reizüberflutung und die Entfremdung von den natürlichen Lebensbedingungen.

Fast jeder von uns kennt aus eigener Erfahrung Situationen, in denen er sich überfordert fühlte, wo er überlastet, gereizt, hektisch und nervös war. Man ärgert sich, ist wütend oder fühlt sich ohnmächtig und niedergeschlagen. Man hat existenzielle Ängste, die krank machen und das Leben sinnlos erscheinen lassen. Diese negativen Lebensumstände zu ändern sind nur wenige Menschen bereit, weil sie nicht hinter anderen zurückstehen wollen und weil ihnen ständig vorgegaukelt wird, dass nur wichtig ist, was man hat, und nicht das, was man ist.

Die Meditation ist eine hervorragende Methode, sich auf die wirklich wichtigen Dinge des Lebens zu besinnen. Sie bietet die Möglichkeit, in Ruhe die eigene Situation zu reflektieren und Kraft und Mut für eine andere, sinnvolle und gesunde Lebensführung zu erlangen. Durch Meditation stellt sich eine wohltuende Balance zwischen Phasen der Herausforderung und Anspannung und Phasen der Ruhe und Gelassenheit ein, in denen neue Energie geschöpft werden kann.
Allen Meditationen ist gemeinsam, dass der Geist zur Ruhe kommt und alle alltäglichen Aktivitäten für die Zeit der Meditation ruhen. Für viele von uns ist aber gerade das sehr schwierig. Sind sie doch ständig in die unterschiedlichsten Belange des Lebens verstrickt, und wenn es einmal nichts zu denken oder zu tun gibt, dann versuchen sie umgehend wieder, diese Augenblicke mit irgendetwas auszufüllen, anstatt sich an diesem Zustand zu erfreuen und ihn zu genießen.
Die in diesem Buch beschriebenen Meditationen werden Ihnen helfen, sich mit der Leere, Ruhe und mit dem inneren Frieden anzufreunden. Die Meditationen stellen verschiedene Wege dar, wie Sie zu sich kommen und ganz im Hier und Jetzt leben können.
Mit jeder Übung sammeln Sie neue Erfahrungen und werden immer tiefer in die friedvolle Stille der Meditation hineingeführt.
Wenn Sie mit dem Meditieren beginnen, dann tritt et-

was Neues in Ihr Leben. Bisher haben Sie Ihren Alltag damit zugebracht, sich zu beschäftigen, sich abzulenken. In der Meditation erleben Sie erstmals eine ganz bewusste Sammlung und Stille. Erwarten Sie nicht, dass Ihnen dies sofort gelingen wird. Doch wenn Sie mit sich geduldig sind und ausdauernd üben, werden Sie zu tiefem Frieden finden.

In jeder der vorgestellten Meditationen haben Sie ein Objekt der Betrachtung. Wenn Sie sich mit allen Sinnen liebevoll und entspannt auf dieses Objekt der Betrachtung konzentrieren, dann werden alle anderen Gedanken abgeschaltet und Sie verweilen in Gedankenstille. Mit Willensstärke und Leistungsdruck lässt sich diese Gedankenstille nicht erreichen, man würde dadurch nur noch ungeduldiger und nervöser werden, als man es vielleicht schon ist.

Im ersten Teil des Buches erhalten Sie alle wichtigen Informationen, die Sie für Ihre Meditationspraxis benötigen. Im zweiten Teil werden 25 verschiedene Meditationsübungen ausführlich beschrieben, sodass Sie diese selbstständig durchführen können. Jede Meditationsübung bringt Sie auf diesem neuen Weg einen Schritt weiter!

Die angegebenen Meditationszeiten sind nur ungefähre Richtwerte. Meditieren Sie immer nur so lange, wie es Ihnen angenehm erscheint. Jede Meditation sollte öfter durchgeführt werden, damit Sie möglichst viel Erfahrung sammeln können.

Noch einige wichtige Hinweise:
Die Praxis der Meditation setzt eine allgemeine psychische Stabilität voraus. Falls Sie in psychiatrischer Behandlung sind oder vor kurzem waren oder wenn bei Ihnen eine psychiatrische Diagnose vorliegt, sollten Sie erst nach Rücksprache mit Ihrem Arzt/Ihrer Ärztin die nachfolgenden Übungen durchführen.
In diesem Buch werden keine weltanschaulichen oder religiösen Inhalte vermittelt, und es werden auch keine bestimmten Meditationsschulen oder -traditionen gelehrt. Ich stelle nur solche Meditationen vor, die der körperlichen und geistigen Entspannung und der persönlichen Weiterentwicklung dienen. Die Meditationen zeigen Ihnen sehr unterschiedliche und dabei sehr einfache Wege zu mehr Ruhe und innerer Kraft.

Erich-Peter Kirschner

Teil 1
Was Sie über Meditation wissen sollten

Warum meditieren? Was bringt es?

In meiner langjährigen Meditationspraxis sind mir viele Menschen begegnet, die ganz spontan kurze, einfache Antworten auf obige Fragen hatten. Sie geben vielleicht am besten wieder, wie vielfältig bereichernd Meditieren sein kann.

- Durch Meditation finde ich Ruhe und Entspannung.
- Durch Meditation konzentriere ich mich auf das Wesentliche.
- Meditation hilft mir, mit der Hektik und dem Stress des Alltags fertig zu werden.
- Meditation hilft mir, mit Niederlagen und Veränderungen besser umzugehen.
- Meditation führt dazu, das Leben mehr zu schätzen und zu achten.
- Meditation ist einfach, kostet kein Geld und trägt zur körperlichen und seelischen Gesundung bei.
- Meditation schult die Geistesgegenwart und Körperwahrnehmung.
- Meditation erhöht meine geistigen Fähigkeiten wie Konzentration, Intuition und Kreativität.

- Durch Meditation wird das Leben gewaltfreier, freundlicher, wohlwollender und ausgeglichener.
- In der Meditation nehme ich mir ganz bewusst eine Auszeit, um Kraft und Energie zu tanken.
- Durch Meditation kann ich mich von Ärger und Frustration befreien.
- Wenn ich meditiere, dann greife ich nicht ein in das, was ist, sondern beobachte lediglich meine Empfindungen und Gefühle.
- Nur in der Meditation kann ich zu meiner inneren Wahrheit finden.
- Mit Meditation habe ich meine Suchtprobleme überwunden.
- Meditation ist für mich ein ständiges Training für mein Selbstbewusstsein und eine laufende Fortentwicklung meiner Persönlichkeit.
- Durch Meditation habe ich erfahren, dass die Quelle des Glücks in mir selbst liegt.
- In der Meditation kann ich mich auf mich selbst besinnen und mir über die wichtigen Fragen meines Daseins klar werden.
- Nur in der Meditation finde ich mich selbst und meinen inneren Frieden.
- Meditation gibt tiefen Frieden, Geduld und Gelassenheit.
- Meditation ist für mich kein Ersatz für die Realität, aber durch Meditation vertiefen sich die Erfahrungen der Realität.

- Durch die Meditation erforsche ich meinen augenblicklichen Zustand, meine Ziele, Wünsche, Bedürfnisse, Sehnsüchte, Hoffnungen, Befürchtungen und Bewertungen.
- Meditation bringt mir tiefe Einsichten über mich, meine Mitmenschen und meine Mitgeschöpfe.

Meditation in den großen Kulturen und Weltreligionen

Die Geschichte der Meditation ist so alt wie die der Menschheit. Die Fähigkeit zur Meditation ist dem Menschen von Natur aus mitgegeben und gehört zu seinen geistigen Grundfähigkeiten.

Die Meditation ist unzählige Male von den verschiedensten Menschen, in den verschiedensten Zeiten und an den verschiedensten Orten immer wieder neu entdeckt und ebenso häufig wieder vergessen worden. In einigen Kulturen wurde sie zu einer tragenden Säule der geistigen Entwicklung und des gesamten Lebens. Viele Jahrhunderte war das Wissen um die Meditation Teil des geheimen Wissens von Priestern und Schamanen.

Auf der Suche nach den Anfängen der Meditation wird man stets in den Fernen Osten geführt. Über-

lieferungen aus Indien, China und Japan weisen darauf hin, dass es dort große Meditationslehrer gab, die nicht nur verschiedene Meditationstechniken vermittelten, sondern die Meditation auch als Weg zur Verbindung mit dem Göttlichen nutzten.
Als Wissenschaft wurde die Meditation zuerst im alten Indien entwickelt. Bereits tausend Jahre vor unserer Zeitrechnung wurde sie in den Upanishaden (altindische theologisch-philosophische Schriftensammlung) erwähnt. Einmal in ein verständliches System gebracht, verbreitete sich die Meditation über ganz Asien bis nach Europa. In den verschiedenen Kulturen und Religionen wurden unabhängig voneinander eigene Meditationsschulen gegründet, und es entstanden unterschiedliche Meditationstraditionen.
Im indischen Brahmanismus, Buddhismus und Hinduismus entstand die Tradition der Yoga-Meditation. Im chinesischen und japanischen Buddhismus entstand die Tradition der Zen-Meditation. Im Orient entstanden die Meditationsformen der Sufis (asketisch-mystische Richtung im Islam). Christliche Mystiker wie zum Beispiel Meister Eckehart, Theresa von Avila, Johannes vom Kreuz, Ignatius von Loyola oder Franz von Sales beschreiben Meditationen in Form von »Geistigen Übungen« und geben Anweisungen zur Kontemplation (Gottesbetrachtungen in der Meditation).
Es ist bemerkenswert, dass praktisch alle großen Re-

ligionen die Meditation als Hilfsmittel für spirituelle Erfahrungen entdeckt haben, und alle Religionen lehren: Die Quelle dieser Erfahrungen liegt in dir selbst. Die verschiedenen Meditationsschulen bewahren ihre Traditionen bis auf den heutigen Tag. Darüber hinaus werden immer wieder neue Meditationsformen entwickelt.

Unterschiede zwischen traditionellen und modernen Meditationsformen

Traditionelle Meditationsformen

Die traditionellen Meditationsformen stammen aus den Erfahrungen der großen Weltreligionen wie dem Buddhismus, dem Hinduismus, dem Judentum, dem Christentum und dem Islam. Hierbei handelt es sich um traditionsreiche, oft Jahrhunderte alte Übungen mit hohen geistigen und mystischen Zielvorstellungen. Diese Meditationen werden der Tradition entsprechend in einem Meister-Schüler-Verhältnis von Generation zu Generation weitergegeben. Dabei wird streng auf die Einhaltung der tradierten Formen geachtet.

Der Meditationsanfänger beginnt mit einfachen Konzentrations- und Betrachtungsübungen und erarbeitet sich nach und nach einen hohen Grad an Geistesgegenwart. Er gewinnt tiefe Einsichten über sich selbst und über den Sinn des Daseins, erlangt einen Zustand größter Harmonie mit der Welt und dem Universum und erreicht schließlich eine Ebene besonderer transzendentaler Erkenntnisse (Erleuchtung) oder eine geistige Verbindung zum Göttlichen bzw. zum universellen Sein.

Der Meditierende begibt sich auf einen Weg, der ihn von seinen irdischen festgefahrenen Vorstellungen befreien soll, damit er in einen höheren Geisteszustand gelangt.

Moderne Meditationsformen

Bei den modernen Meditationsformen handelt es sich entweder um abgeschwächte traditionelle Meditationsformen oder speziell auf den modernen Menschen der Industrie- und Mediengesellschaft zugeschnittene Übungen. Die Erlangung oder Beibehaltung von körperlicher und seelischer Gesundheit steht im Mittelpunkt dieser Meditationsformen.

Der stressgeplagte Mensch wird durch seine rastlose Hetze, durch seine ständige Überbelastung, durch Existenzängste, durch Bewegungsmangel und eine ungesunde Ernährung krank. Arbeits-, Familien-,

Verkehrs-, Behörden-, Schul-, Prüfungs-, Freizeit-, Urlaubsstress usw. – es gibt kaum einen Lebensbereich, der nicht mit Negativstress in Verbindung gebracht werden kann. Dauerstress ist nachweislich Mitverursacher zahlreicher Krankheiten. Die hohe Zahl an Herzinfarkten oder Schlaganfällen ist dafür ein sicherer Beleg.

Einige westliche Wissenschaftler, aber auch verschiedene Yogis aus Indien erkannten die positiven Wirkungen der Meditation auf gestresste Menschen. Es entstanden in den USA und in Europa verschiedene Yoga- und Meditationsschulen, so zum Beispiel die von Swami Vivekananda (1863–1902) und Swami Sivananda (1887–1963). Eine speziell auf den Westen abgestimmte Meditationsform, die Transzendentale Meditation (TM), wurde von dem indischen Yogi Maharishi Mahesh eingeführt. Auch der indische Guru Bhagwan Shree Rajneesh, später Osho genannt, eröffnete vielen Menschen im Westen den Weg zur Meditation. Seine wirkungsvollen und vielseitigen Meditationen gehören auch heute noch zum Standard vieler Meditations-, Therapie- und Seminarzentren.

An der Princeton University (USA) haben Patricia Carrington, eine erfahrene Psychologin, und ihr Mann Dr. Karmon S. Ephron eine neue Meditationsmethode aus einer alten indischen Mantra-Meditation entwickelt und wissenschaftlich erforscht. Sie nannten sie »Klinisch standardisierte Meditation« (CSM). Der

Bostoner Kardiologe Dr. Herbert Benson entwickelte zusammen mit Dr. Keith Wallace eine eigene Meditationsmethode, die insbesondere mit Biofeedback-Signalen des Körpers arbeitet. Sie wird meist Benson-Methode (BM) genannt.
Mit diesen Meditationsmethoden kann man Hektik, Stress, Ärger, Ängsten, Drogenmissbrauch, psychosomatischen Beschwerden und anderen körperlichen und seelischen Überbelastungen entgegenwirken. Man findet Ruhe und Gelassenheit, konzentriert sich auf das Wesentliche, erlangt persönliches Wohlergehen und eine positive Lebenseinstellung.

Zusammenfassend lässt sich sagen: Die modernen Meditationsformen sind auf ein gesundes und glückliches Leben des Meditierenden gerichtet. Die traditionellen Meditationsformen bewirken dies ebenso, begeben sich aber wesentlich weiter in spirituelle und mystische Dimensionen. Die Übergänge zwischen den zwei Meditationsformen sind fließend. Aus beiden lässt sich große Kraft schöpfen. Wie weit man sich auf die Meditation einlässt, entscheidet jeder Meditierende selbst. Eine aufsteigende Meditationsfolge könnte dabei sein:

- Entspannung finden
- Ruhe und Stille finden
- Ausgeglichenheit und Gelassenheit finden

- Konzentrierte Betrachtungen anstellen
- Achtsamkeit üben
- Bewusst im Hier und Jetzt sein
- Die eigene persönliche Mitte finden
- Verbundenheit mit allen Wesen finden
- Auf sich selbst als Teil des Universums besinnen
- Einheit mit dem Absoluten finden

Was Sie von der Meditation an Positivem erwarten können

Wenn Sie hundert Menschen, die regelmäßig meditieren, fragen, was genau sie in der Meditation finden, dann werden Sie auch hundert verschiedene Antworten erhalten. Das überrascht auch nicht, wenn man bedenkt, wie persönlich und subjektiv eine Erfahrung ist, die ausschließlich im Kopf des Einzelnen stattfindet.

Beim Meditieren erkennen Sie allmählich und immer mehr Ihr »wahres Selbst«, wer Sie sind und was Ihnen wirklich wichtig ist. Die Erkenntnis kommt in kleinen, leisen Schritten. Es gibt keinen Geistesblitz und auch keine plötzliche Erleuchtung. Indem Sie Ihr wahres Selbst erkennen – im Gegensatz zu dem Ich, das Sie sich selber vorgaukeln oder nach außen hin

darstellen –, sind Sie nicht mehr länger Opfer Ihrer selbst gemachten Zwänge und Ängste.
Wenn Sie lernen, für den Augenblick zu leben, das Leben zu jedem Zeitpunkt in Achtsamkeit zu genießen und zu lieben, dann können Ihnen die Probleme, mit denen Sie jahrelang gelebt haben, nichts mehr anhaben. Wenn Sie einsehen, dass sich die Zukunft nicht beeinflussen lässt und dass es keinen Sinn hat, in der Vergangenheit zu verweilen, dann haben Sie etwas erreicht, was die meisten Menschen niemals auch nur annähernd erreichen: Sie haben inneren Frieden.
Meditation ist ein Vorgang der inneren Einkehr, bei dem man das bewusste Denken für eine bestimmte Zeit unterbricht und nur auf das Hier und Jetzt lauscht. Während der Meditation existiert nur der Augenblick.

Die positiven Auswirkungen der Meditation sind hinreichend wissenschaftlich belegt. Man unterscheidet zwischen physiologischen (körperlichen) Veränderungen und psychologischen (geistigen und verhaltensbezogenen) Veränderungen. In der Gehirnwellenstruktur sind folgende Veränderungen nachweisbar:

- Die Anzahl der Alphawellen (8–13 Hz), die sonst nur in einem entspannten Wachzustand auftreten, nimmt zu.
- Die Anzahl der Thetawellen (4–8 Hz), die sonst nur

im Schlaf während der Traumphasen auftreten, nimmt zu.

- Die Anzahl der Deltawellen (< 4 Hz), die sonst nur im Tiefschlaf auftreten, nimmt zu.

Das Gehirnwellenmuster entspricht dem Zustand von höchster Aufmerksamkeit und gleichzeitig tiefster Entspannung.

Die positiven Veränderungen in den unterschiedlichen Körperfunktionen sind:

- Die Herzschlagfrequenz nimmt ab.
- Die Atemfrequenz nimmt ab.
- Der Blutdruck sinkt deutlich.
- Der Milchsäurespiegel (Laktatgehalt) im Blut sinkt um zirka 50 Prozent.
- Die Sauerstoffaufnahme sinkt um zirka 20 Prozent.

An allgemeinen Veränderungen ist bei Meditierenden zu beobachten:

- Sie werden geistig wacher, sie denken und handeln kreativer.
- Sie sind gelassener und toleranter.
- Sie treten dem Leben positiver gegenüber.
- Ihre Lebenslust und Lebensfreude steigt.

- Sie werden sensibler, auch für die kleinen, aber wichtigen Dinge des Lebens.
- Sie werden mit Problemen besser fertig.
- Sie schlafen besser.

Mögliche Herausforderungen für den Anfänger

Bei der Meditation gibt es drei besondere Herausforderungen: unerwünschte Gedanken, Störreize und Ungeduld. Bei allen Meditationsübungen versuchen Sie, sich nur auf eine Sache zu konzentrieren, nur eine Sache zu tun, nur an eine Sache zu denken. Damit schalten Sie für die Zeit der Meditation das Gedankenkarussell in Ihrem Kopf aus.

Der moderne Mitteleuropäer denkt zirka 50 000 Gedanken pro Tag. Diese Reizüberflutung stört den gesunden Geist mehr, als dass sie ihm nützt. Hektik, Nervosität, Ängste, Krankheiten, Fehlentscheidungen und viele weitere negative Folgen können vermieden werden, wenn der Geist durch Meditation zeitweise beruhigt wird.

Aber genau diese Ruhe ist unser Geist nicht gewohnt. Er ist darauf trainiert, jederzeit vielfältige Sinneswahrnehmungen gleichzeitig zu tätigen und ständig mit dem Gestern, Heute und Morgen beschäftigt zu sein. Er wird sich mit allen Mitteln gegen den Entspannungszustand wehren. Deshalb müssen Sie Ihren Geist erst langsam und mit viel Geduld an den entspannten Zustand bei der Meditation gewöhnen. Ihr Geist wird Ihnen dabei vielerlei Streiche spielen. Er wird ein ständiges Bombardement mit umhervagabundierenden Gedanken, mit Störreizen wie Jucken und Zwicken, Drücken und Anspannungen, Wärme und Kälte und mit gelegentlichem Unwohlsein liefern. Sie werden Dinge hören, riechen und schmecken, die gar nicht vorhanden sind.

All diese Reize existieren nur in Ihrer Vorstellung. Weil der Geist nicht beruhigt werden will, ärgert er Sie mit solchen Reizen. Nehmen Sie diese Störungen nur wahr und reagieren Sie nach Möglichkeit nicht auf sie. Gehen Sie mit sich behutsam und freundlich um. Ungeduld kann nur durch geduldiges Üben überwunden werden.

Je häufiger Sie meditieren, umso länger werden die Abschnitte, in denen Ihnen Konzentration und ein entspannter Geist gelingen werden. Je ruhiger Sie werden, je weniger Anstrengung Sie in die Konzentration investieren, umso eher wird Ihnen die gesammelte Aufmerksamkeit gegenüber dem Gegenstand Ihrer Betrachtung möglich sein.

Meditation bedarf der Gewohnheit. Nicht der Beginn zählt, sondern einzig und allein Geduld und Ausdauer. Nur durch fortwährendes liebevolles Üben begeben Sie sich immer tiefer in die Meditation hinein. Dann vermittelt Ihnen die Meditation Momente, in denen die Zeit stillzustehen scheint und keine fremden Gedanken Ihren Geist stören. Diese kostbaren Augenblicke gilt es zu bewahren und auszudehnen.

Wenn der Geist beruhigt ist und äußere Einflüsse keine Ablenkungen mehr darstellen, dann werden Sie die wahre Bedeutung des Begriffs »innerer Friede« erfahren.

Voraussetzungen für eine angenehme und ungestörte Meditation

- Meditieren Sie immer mit einer frohen und positiven Grundhaltung.
- Wählen Sie einen ruhigen Raum, in dem Sie für die Zeit der Meditation ungestört sind.
- Der Raum, in dem Sie meditieren, sollte angenehm temperiert, gut gelüftet und sauber sein.
- Dämpfen Sie gegebenenfalls das Licht.
- Schmücken Sie den Raum mit Gegenständen, die diesen verschönern.
- Verwenden Sie, wenn Sie möchten, eine Duftöllampe oder Räucherstäbchen.

- Ihre Kleidung sollte bequem, frisch, sauber und schön sein.
- Ihr Körper (insbesondere die Füße) darf nicht auskühlen.
- Tragen Sie keine Schuhe.
- Halten Sie Kopf und Rücken gerade.
- Meditieren Sie möglichst morgens direkt nach dem Aufstehen und abends vor dem Schlafengehen.
- Meditieren Sie nur, wenn Sie nicht erschöpft sind.
- Meditieren Sie nie mit vollem Magen.
- Meditieren Sie nie, wenn Sie anregende oder beruhigende Mittel zu sich genommen haben.
- Seien Sie locker und entspannt.
- Meditieren Sie immer nur so lange, wie es Ihnen angenehm ist.
- Seien Sie offen für das, was kommen wird.
- Schrauben Sie Ihre Erwartungen nicht zu hoch.
- Sitzen Sie zu Beginn der Meditation ein paar Minuten lang nur da. Atmen Sie ruhig und gleichmäßig, bringen Sie Ihren Geist allmählich zur Ruhe.
- Richten Sie Ihre Aufmerksamkeit langsam auf das Objekt Ihrer Betrachtung.
- Zur Zeitkontrolle stellen Sie sich eine geräuschfreie Uhr in Sichtweite auf.
- Zur genauen Zeitvorgabe können Sie auch eine im Handel erhältliche Meditationsuhr verwenden. Die Meditationszeit wird dabei per Tastendruck eingestellt und nach der Betätigung einer Starttaste läuft

die eingestellte Zeit geräuschfrei ab. Am Ende der eingestellten Zeit ertönt ein leiser Ton, der Sie sanft auf das Ende der Meditation hinweist.

- Der Handel bietet CDs mit verschieden langen Musikstücken an, die als Hintergrundmusik bei der Meditation geeignet sind und als Zeitmaß für die Meditation dienen können. Für Betrachtungsmeditationen in Stille sind auch CDs im Handel, bei denen verschiedene Zeiten eingestellt werden können und nach Ablauf der programmierten Zeit eine Klangschale als akustisches Signal auf das Ende der Meditation hinweist.

Stellen Sie sich nach jeder Meditationserfahrung stets folgende Fragen:

- Wie habe ich mich während der Meditation gefühlt?
- Wie fühle ich mich jetzt?
- Welche Erfahrungen habe ich gemacht?
- Was mache ich beim nächsten Mal anders (besser)?

Die Körperhaltung bei der Meditation

Ein wacher Geist und ein entspannter Körper sind Grundvoraussetzung für die Meditation. Deshalb wird eine Haltung angestrebt, für die der Körper möglichst wenig Energie aufwenden muss, in der das Herz ruhig schlagen und die Atmung frei fließen kann.

Die Einatmung erfolgt grundsätzlich durch die Nase und wird entweder als Zwerchfell- oder tiefe Bauchatmung durchgeführt. Die Ausatmung kann durch die Nase oder den leicht geöffneten Mund erfolgen.

Die Augen können je nach persönlicher Vorliebe geschlossen, offen oder halb offen sein.

Beim richtigen Sitzen ist der Oberkörper aufgerichtet, Nacken- und Schulterbereich sind entspannt. Der Kopf ist so ausbalanciert, dass er ohne viel Muskelkraft gehalten wird.

Die Sitzhaltung

Am besten sitzt man aufrecht, da man im Liegen Gefahr läuft, schläfrig zu werden. Die Grundbedingung für das aufrechte Sitzen heißt: Die Knie sollten tiefer als das Becken positioniert sein. Befinden sich die Knie höher als das Becken, sinkt man entweder mit krummem Rücken nach vorn oder man muss sich im ganzen Rücken verspannen, um die aufrechte Haltung zu erreichen. In beiden Fällen wird die Wirbelsäule aus ihrer natürlichen Lage gebracht.

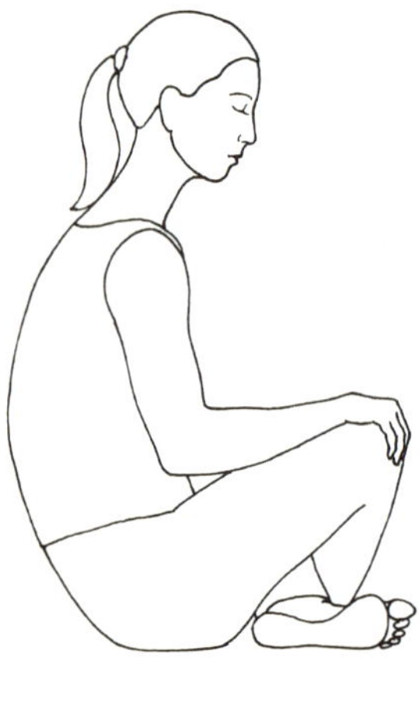

Krummer Rücken

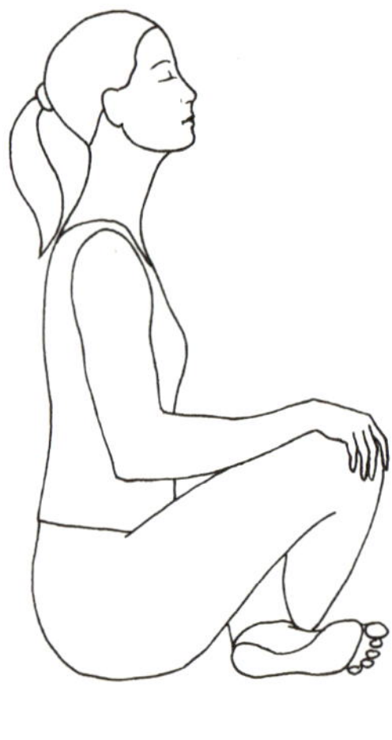

Verspannter Rücken

Die Sitzhaltung ist von der Meditationstradition, den persönlichen Sitzgewohnheiten und dem Trainingszustand abhängig. Sie soll ein entspanntes, möglichst bewegungsfreies Sitzen während der ganzen Meditation erlauben. Folgende Varianten sind möglich:

Sitzen auf einem Stuhl

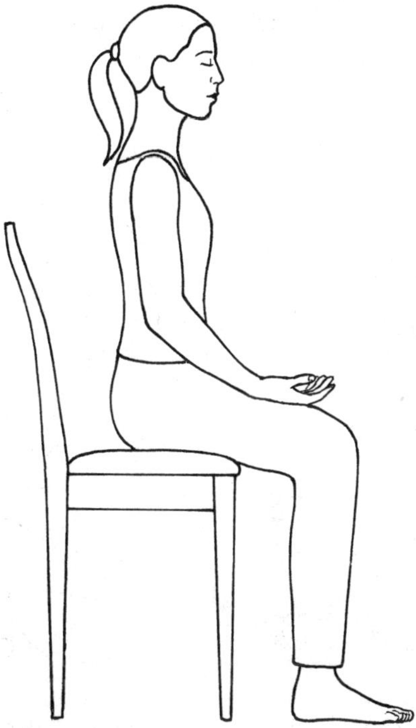

Sitzen auf einem Meditationsbänkchen

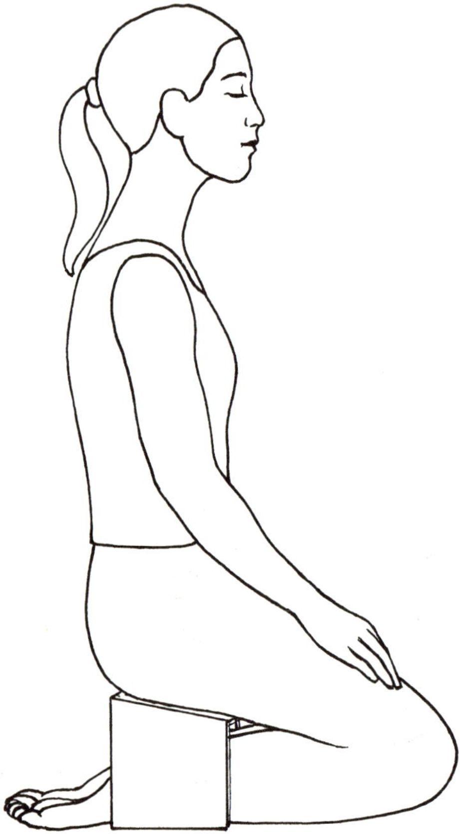

Fersensitz

Sitzen auf einem Meditationskissen

Burmesischer Sitz

Halber Lotossitz

Voller Lotossitz

Die Haltung der Hände

Die Haltung der Hände ist bei den verschiedenen Meditationstraditionen sehr unterschiedlich. Bei den fernöstlichen Traditionen (Indien, Tibet, China, Japan) entstammen die Handstellungen meist den oft Jahrtausende alten Mudras. Mudras sind Gesten, die in der Lage sind, bestimmte Bereiche des Gehirns zu beeinflussen. Sie können dabei sowohl anregende als auch beruhigende Wirkungen haben. Die jeweilige Wirkung soll die Meditation positiv beeinflussen und ein ruhiges, entspanntes und konzentriertes Verhalten fördern. Darüber hinaus haben diese Mudras meist auch noch eine spirituelle Bedeutung.

Pushpaputa-Mudra

Das Pushpaputa-Mudra bringt Offenheit zum Ausdruck. Nur mit offenen Händen können wir die Welt bereichern, und nur mit offenem Geist und offener Seele kann uns das kosmische Bewusstsein beschenken.

Chin-Mudra

Der geschlossene Kreis von Zeigefinger und Daumen stellt den ewigen Kreislauf aller Dinge dar und symbolisiert die Verbundenheit des menschlichen Bewusstseins (Zeigefinger) mit dem göttlichen Bewusstsein (Daumen). Die drei gestreckten Finger symbolisieren die drei Eigenschaften, die die Evolution in Gang halten (Aktivität, Passivität und Harmonie).

Prithivi-Mudra

Auch diese Handstellung symbolisiert den ewigen Kreislauf aller Dinge und die Verbindung des menschlichen mit dem göttlichen Bewusstsein. Dieses Mudra aktiviert die Urkraft in uns, stärkt das Selbstbewusstsein und gibt Ruhe und Gelassenheit. Es gibt Halt und Kraft an dem Platz, an dem wir wirken.

Ksepana-Mudra

Beim Ksepana-Mudra handelt es sich um die Geste des Ausgießens und Loslassens. Dieses Mudra bewirkt das Abfließen von verbrauchten oder negativen Energien. Die verbrauchte/negative Energie wird über die Zeigefinger zum Boden hin abgeleitet. Alles Verbrauchte und Negative in Körper, Geist und Seele fließt ab und trägt dadurch zur Beruhigung, Ausgeglichenheit und Gelassenheit bei der Meditation bei.

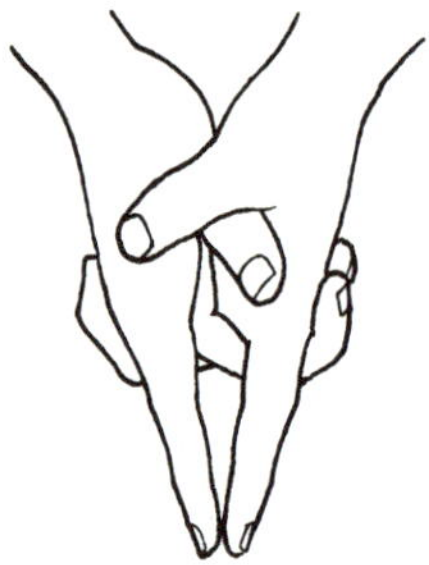

Dhyani-Mudra

Die beiden Hände, die zu einer Schale geformt sind, zeigen an, dass man innerlich frei, rein und leer ist, um all das zu empfangen, was man auf dem spirituellen Weg benötigt. Das Dhyani-Mudra ist das Mudra der Leere. Es erinnert daran, dass man in der Meditation die geistige Leere sucht.

In der hinduistischen Yoga-Tradition wird die Lage der Hände vertauscht.

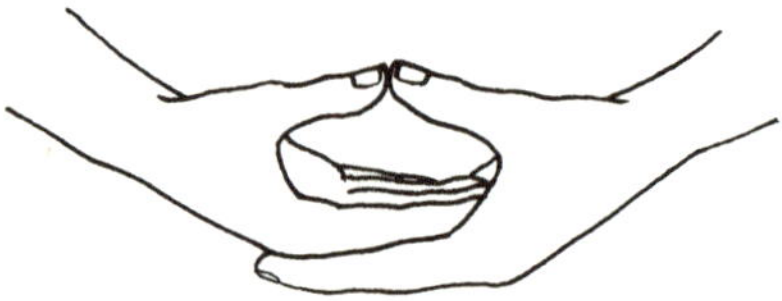

Meditiert man nur zur körperlichen und geistigen Entspannung, genügt es, wenn die Hände locker auf den Oberschenkeln abgelegt werden.

Alle genannten Körperhaltungen unterstützen die Meditation dann, wenn der Körper entspannt und der Geist auf den Gegenstand der Betrachtung konzentriert bleiben kann. Es gibt kein Falsch oder Richtig. Es ist immer richtig und gut, wenn die Meditation durch die Körperhaltung ermöglicht und gefördert wird. Es ist immer falsch und schlecht, wenn die Meditation durch die Körperhaltung gestört wird.

Wählen Sie für Ihre Meditationspraxis eine Körperhaltung aus, die Ihnen angenehm ist und leicht erlernbar erscheint (Sitzhaltung und Haltung der Hände). Experimentieren Sie mit verschiedenen Körperhaltungen, bevor Sie sich für eine bestimmte entscheiden. Bleiben Sie dann konsequent bei dieser einmal gefundenen und bewährten Haltung.

Gedanken zur persönlichen Lebensführung

Wenn Sie regelmäßig meditieren, dann wird das einen tiefen Einfluss auf Ihr Leben haben. Es wird zu vielfältigen Veränderungen in Ihrer Lebensführung kommen. Sie werden die Feinheiten und Zusammenhänge Ihres Körpers und Ihres Wesens immer besser

kennen lernen. Sie werden mit Hilfe der Meditation viel sensibler Ihre Körpersignale wahrnehmen. Mit fortschreitender Meditationserfahrung wird sich Ihre Achtsamkeit vertiefen. Diese Zunahme des Selbst-Bewusstseins ist oft der Grund dafür, dass es meditierenden Menschen leichter fällt, das Rauchen aufzugeben oder andere ungesunde Lebensweisen einzuschränken oder einzustellen. Der Stressabbau hat dabei ebenfalls eine große Bedeutung. Sie werden mit der Zeit genau spüren, was gut für Sie ist und was nicht. Die Meditation hilft Ihnen, schädliche Verhaltensweisen zu vermeiden.
Um das Leben voll und ganz zu genießen, um wirklich ein gesunder und lebensfroher Mensch zu werden, sollten Sie folgenden vier Lebensbereichen Ihre besondere Aufmerksamkeit schenken:

- Meditation
- Ernährung
- Bewegung
- Innere Einstellung

Meditation

Wenn Sie zweimal täglich meditieren und dies zum festen Bestandteil Ihres Lebens geworden ist, dann kommen Sie zur Ruhe, Sie werden ausgeglichen und sich Ihrer selbst bewusst. Sie werden aufmerksam allen Lebensumständen begegnen und gelassen mit sich und Ihrem Umfeld umgehen. Sie werden sich selbst und allen Mitmenschen und Mitgeschöpfen gegenüber respektvoll und hilfsbereit sein und ein ausgewogenes, gesundes und glückliches Leben führen.

Ernährung

Auch die Ernährung hat Einfluss auf die geistige und körperliche Verfassung und das Wohlbefinden des Menschen. Die wichtigsten Empfehlungen für eine gesunde und vollwertige Ernährung sind:

- Essen Sie viel Obst und Gemüse, erhöhen Sie vor allem den Rohkostanteil.
- Bevorzugen Sie Vollkornprodukte.
- Trinken Sie mehr (ungekühltes) Wasser, als Sie glauben zu brauchen.
- Trinken Sie naturreine Obstsäfte, die Sie mit Wasser verdünnen.
- Trinken Sie statt Kaffee oder schwarzem Tee lieber Kräutertees.
- Nehmen Sie viel Vitamin-A-reiche Lebensmittel zu sich (Joghurt, Sahne, Butter, Eier, Karotten, Blattgemüse, Obst).

- Nehmen Sie sehr viel Vitamin-C-reiche Lebensmittel zu sich (Obst und Gemüse).
- Nehmen Sie ebenfalls viel Vitamin-B-reiche Lebensmittel zu sich (Bohnen, Linsen, Erbsen, Nüsse, Getreide, Keime und Sprossen, Vollkornprodukte, Eier, Milch, Käse, Joghurt, Blattgemüse).

Meiden Sie hingegen

- alle Arten von chemischen Zusätzen,
- ein Übermaß an Zucker, Salz und anderen Gewürzen,
- ein Übermaß an Kaffee und Alkohol (besonders den hochprozentigen),
- alle Arten von konservierten Nahrungsmitteln.

Wenn Sie diese einfachen Grundsätze befolgen und gleichzeitig in Maßen essen, dann wird dies wesentlich zu Ihrem Wohlbefinden beitragen.
In den traditionellen Meditationsschulen (insbesondere den fernöstlichen) spielt die Ernährung eine bedeutende Rolle. Jeder ernsthafte Meditationsschüler weiß dort, dass höhere Bewusstseinsgrade mehr erfordern, als nur eine Stunde am Tag still zu sitzen. Die richtige Ernährung gehört ebenso dazu.
Betrachten Sie die obige Empfehlung nicht als Vorschrift, was Sie essen dürfen oder nicht. Sie müssen sich selbst mit dem Thema Ihrer Ernährung beschäf-

tigen und herausfinden, was für Sie persönlich und Ihre Meditationspraxis förderlich ist.
Sollten Sie Ihre Ernährung umstellen wollen, dann machen Sie auch das behutsam. Besorgen Sie sich eines der vielen vegetarischen Kochbücher und probieren Sie die schmackhaften Rezepte parallel zu Ihrer derzeitigen Ernährung aus. Ihr Körper wird Ihnen mitteilen, was langfristig gut für Sie ist. Auch bei der Ernährung gilt: Eine radikale Umstellung ist selten von Dauer und sollte deshalb vermieden werden.

Bewegung

Die körperliche Verfassung hat Auswirkungen auf Ihre Art zu meditieren. Alle geistigen und körperlichen Fähigkeiten des Menschen haben sich über Millionen Jahre hin entwickelt. Die geistige Koordination unserer körperlichen Bewegungen gehört zu den größten Leistungen der Entwicklungsgeschichte. Deshalb ist Bewegung für das körperliche und geistige Wohlbefinden des Menschen unbedingt erforderlich.
Man muss deshalb aber nicht gleich Mitglied eines Sportvereins werden oder viel Geld für ein Fitness-Studio ausgeben. Auch muss man keine teure Sportausrüstung kaufen oder gar Extremsportarten betreiben.

Unternehmen Sie lange Spaziergänge an der frischen Luft. Wandern Sie in der Natur und genießen Sie die Verbundenheit mit ihr. Der Vorteil beim Gehen ist, dass man dabei sogar meditieren kann. Auf diese Weise entspannen Sie sich nicht nur und nehmen Ihre Umwelt bewusst wahr (Seh-, Hör-, Tast- und Geruchserfahrung), sondern tun auch noch etwas Gutes für Ihr allgemeines Wohlbefinden. Auch die richtige Atemtechnik können Sie bei Spaziergängen und Wanderungen trainieren. Sie wirkt sich ebenfalls positiv auf Harmonie und Energiefluss in Ihrem Körper aus.

Innere Einstellung

Verbitterung und Pessimismus haben negative Auswirkungen auf Ihre Gesundheit, Ihre Zufriedenheit und Ihre innere Ruhe und Gelassenheit. Durch Optimismus, Begeisterungsfähigkeit und Frohsinn empfinden Sie das Leben als heller, leichter und schöner. Eine positive Lebenseinstellung erhöht den Genuss, verbessert das Wohlbefinden und fördert die Beziehungen zu anderen Menschen.
Wie man zu einer positiven Lebenseinstellung gelangt, dafür gibt es nur *ein* Rezept: Versuchen Sie, gut mit sich selbst umzugehen, und bevorzugen Sie positive Gedanken und Bewertungen. Programmieren

Sie sich positiv, und das Leben sieht gleich viel schöner aus!
Lernen Sie, negative Gedanken und Gefühle zu erkennen. Ersetzen Sie diese dann durch positive Gedanken und Gefühle – das ist der schnellste und erfolgreichste Weg zum Optimismus. Dieses Vorgehen ist nicht immer leicht, schließlich muss man dabei oft über seinen eigenen Schatten springen und jahrelang gepflegte Gewohnheiten über Bord werfen. Arbeiten Sie daran. Es lohnt sich.
Und noch ein Tipp: Lachen Sie öfter. Lachen ist die beste Medizin, sagt schon der Volksmund. Lachen lockert und löst Ängste und Spannungen. Nehmen Sie sich selbst nicht allzu ernst und betrachten Sie sich nicht als Mittelpunkt der Welt.

Teil 2
Praktische Übungen und Meditationsanleitungen

Übung 1
Konzentrationsübung

(zirka 5 Minuten)

Es hört sich sehr einfach an, sich nur auf eine Sache konzentrieren zu müssen, aber tatsächlich ist es eine sehr schwierige Aufgabe. Wenn Sie glauben, dass ich übertreibe, dann machen Sie einmal folgenden Versuch:

- Setzen Sie sich bequem und entspannt auf einen Stuhl oder in einen Sessel.
- Schließen Sie die Augen.
- Denken Sie an eine Blüte.
- Nur an eine Blüte.
- Nicht mehr und nicht weniger.
- Weder an einen Blumenstrauß noch an eine Topfpflanze oder einen blühenden Baum oder an die Blumenverkäuferin.
- Stellen Sie sich eine schöne Blüte konkret vor.
- Denken Sie 5 Minuten lang an nichts anderes als diese Blüte.
- Lassen Sie keinen anderen Gedanken zu.

Welche Erfahrung haben Sie gemacht? Ist Ihnen die Konzentration gelungen? Wiederholen Sie diese Konzentrationsübung mehrfach. Wählen Sie auch andere Objekte, auf die Sie sich gedanklich konzentrieren.

Das Denken schweift gerne ab und
entschwindet unserem Blick.

Dhammapad

Übung 2
Sitzen in der Stille

(zirka 5 Minuten)

Übung

Diese Meditationsübung besteht darin, nichts zu tun, außer zu sitzen. Denken Sie nichts mehr und werden Sie ruhig und still.

Vorbereitung

- Setzen Sie sich aufrecht auf einen Stuhl.
- Die Füße stehen parallel zueinander flach auf dem Boden.
- Die Hände liegen entspannt auf den Oberschenkeln.
- Schließen Sie die Augen.
- Nehmen Sie einige tiefe Atemzüge.
- Atmen Sie danach ruhig ein und aus.
- Nehmen Sie wahr, wie Ihr Atem Sie immer tiefer in die Entspannung führt.
- Lassen Sie alle Anspannung los.
- Lassen Sie alle Gedanken los.

Durchführung

- Tun Sie nichts, außer zu sitzen.
- Denken Sie an nichts.
- Sitzen Sie nur in der Stille.

Öffnen Sie nach zirka 5 Minuten die Augen und machen Sie einige tiefe Atemzüge. Nehmen Sie Kontakt zur Umgebung auf und recken und strecken Sie Ihren Körper in alle Richtungen.

Beantworten Sie sich die nachfolgenden Fragen:

- Wie habe ich mich bei der Meditation gefühlt?
- Wie fühle ich mich jetzt?
- Konnte ich meine Gedanken beruhigen?
- War wirklich Stille in meinem Kopf (Bewusstsein)?

Hinweis

Sitzen in der Stille ist die grundlegendste und einfachste aller Meditationsformen und gleichzeitig auch eine der schwierigsten. Sie wird hauptsächlich im japanischen Zen-Buddhismus in wesentlich ausgeprägter Form durchgeführt. Nichtstun scheint die leichteste Sache der Welt zu sein, aber in Wirklichkeit ist es sehr schwierig.

- Wann tun Sie wirklich nichts?
- Wann denken Sie nicht?
- Wann bewerten Sie nicht?

Nach einiger Zeit des Übens wird Ihnen bewusst, wie turbulent es in Ihrem Kopf zugeht. Vielleicht bemerken Sie jetzt zum ersten Mal, dass Sie mit sich selbst ständig einen inneren Dialog führen. Wenn Sie still sitzen, dann tauchen unablässig die unterschiedlichsten Gedanken auf. Wenn Sie sich aber nicht aktiv in die Denkprozesse einschalten, dann vergehen sie wie Luftblasen, die in einer Flüssigkeit aufsteigen. Immer dann, wenn eine dieser Gedankenblasen zerplatzt, wartet schon die nächste auf ihr Auftauchen.
Sie werden bei dieser Meditation feststellen, dass sie statt »Sitzen in der Stille« eigentlich eher »Sitzen in geistiger Unruhe« heißen müsste. Sie werden sich in langen Gedankenketten verlieren und häufig erst nach mehreren Minuten realisieren, dass Sie völlig vergessen haben, gedankenlos zu meditieren.
Doch das ist keineswegs tragisch! Stellen Sie es einfach fest und kehren Sie wieder sanft zur Meditation zurück. Denken Sie nicht mehr. Wenn Sie bemerken, dass Sie aktiv denken, dann hören Sie einfach damit auf. Geben Sie den Gedanken keine neue Nahrung. Und vor allem: Gehen Sie immer liebevoll mit sich selbst um! Verurteilen Sie sich nicht dafür, wenn es Ihnen nicht gelingt, nicht zu denken. Werden Sie

nicht ungeduldig. Auch hierbei gilt: Übung macht den Meister. Je länger Sie meditieren, desto häufiger werden Sie Augenblicke erleben, in denen Sie nicht mehr denken, sondern nur noch in einer wunderbaren Stille verharren.
Dies ist das Ziel der Meditation.

Der Mensch braucht Stunden,
wo er sich sammelt und in sich hineinlebt.
Albert Schweitzer

Übung 3
Atem-Meditation 1

(zirka 10 Minuten)

Übung

Werden Sie ruhig und still. Konzentrieren Sie sich ausschließlich auf Ihren Atem. Denken Sie an nichts. Bewerten Sie nicht. Nehmen Sie nur wahr.

Vorbereitung

- Legen Sie eine CD mit sanfter Meditations- oder Entspannungsmusik auf, die Ihrer momentanen Stimmung entspricht.
- Setzen Sie sich mit geradem Rücken auf einen Stuhl.
- Der untere Rücken kann die Lehne berühren.
- Der obere Rücken sollte möglichst frei sein, sodass der Atem unbehindert fließen kann.
- Lassen Sie die Schultern locker herabhängen.
- Halten Sie den Kopf aufrecht (er sollte mit möglichst wenig Muskelkraft auf dem Hals gehalten werden).

- Die Füße stehen parallel zueinander flach auf dem Boden.
- Die Hände liegen entspannt auf den Oberschenkeln.
- Auch jede andere Sitzposition ist erlaubt, wenn sie Ihnen angenehm ist und die Atmung nicht behindert.
- Entspannen Sie Ihren ganzen Körper.
- Schließen Sie die Augen.
- Nehmen Sie einige tiefe Atemzüge.
- Atmen Sie danach durch die Nase ruhig ein und aus.
- Nehmen Sie wahr, wie Ihr Atem Sie immer tiefer in die Entspannung führt.
- Lassen Sie alle Anspannung los.
- Lassen Sie alle Gedanken los.
- Bewerten Sie nicht.
- Werden Sie ruhig und still.
- Beeinflussen Sie Ihren Atem nicht mehr mit Ihrem Willen.
- Es atmet jetzt ganz allein in Ihnen.

Durchführung

- Lenken Sie jetzt Ihre ganze Aufmerksamkeit auf Ihre Nase.
- Konzentrieren Sie sich beim Einatmen auf den Bereich, wo die Atemluft erstmals Ihre Nase berührt.

- Konzentrieren Sie sich beim Ausatmen ganz bewusst auf das Gefühl in Ihrer Nase, wenn die Atemluft durch die Nasenlöcher wieder hinausströmt.
- Lassen Sie sich nicht von anderen Gedanken ablenken.
- Bringen Sie Ihre Aufmerksamkeit immer wieder sanft und geduldig auf Ihre Nase und die Atemströmung zurück.
- Lassen Sie Ihren Atem frei fließen.
- Beeinflussen Sie ihn nicht mit Ihrem Willen.
- Führen Sie diese Meditation zirka 10 Minuten lang durch.
- Kehren Sie danach gedanklich langsam wieder in den Raum zurück.
- Öffnen Sie die Augen.
- Machen Sie einige tiefe Atemzüge.

Verbleiben Sie noch kurz in Ihrer Meditationshaltung und beantworten Sie sich die nachfolgenden Fragen:

- Wie ist mir die Konzentration gelungen?
- War ich still und ruhig?
- War ich mit meinen Gedanken in der Gegenwart des Atmens?
- Habe ich mich wohl gefühlt?
- Was hat mich gestört?
- Was war schön?
- Welche Signale gab mir mein Körper?

- Waren meine Gefühle positiv?
- War ich wohlwollend mir selbst gegenüber?
- Welche neuen Erfahrungen habe ich gemacht?
- Was werde ich das nächste Mal anders machen?

Beenden Sie jetzt die Meditation und erheben Sie sich von Ihrem Meditationsplatz. Machen Sie einige bewusste Schritte durch den Raum und nehmen Sie Kontakt zur Umgebung auf.

Die meisten Menschen machen täglich zwischen 17000 und 24000 Atemzüge, aber nur wenige sind sich auch nur eines einzigen dieser Atemzüge bewusst.

Jerry Braza

Übung 4
Konzentrierte Betrachtung

(zirka 10 Minuten)

Übung

Das Licht einer Kerze wird für die nächsten 10 Minuten der Gegenstand Ihrer Betrachtung sein. Denken Sie an nichts, bewerten Sie nicht. Werden Sie ruhig und still. Nehmen Sie nur wahr. Konzentrieren Sie sich ausschließlich auf das Licht der Kerze.

Vorbereitung

- Stellen Sie eine brennende Kerze in einem Abstand von zirka 1,5 Meter auf den Boden oder auf einen kleinen Tisch.
- Setzen Sie sich mit geradem Rücken auf einen Stuhl.
- Die Füße stehen parallel zueinander flach auf dem Boden.
- Die Hände liegen entspannt auf den Oberschenkeln.
- Schließen Sie die Augen.

- Nehmen Sie einige tiefe Atemzüge.
- Atmen Sie danach ruhig ein und aus.
- Nehmen Sie wahr, wie Ihr Atem Sie immer tiefer in die Entspannung führt.
- Lassen Sie alle Anspannung los.
- Lassen Sie alle Gedanken los.
- Bewerten Sie nicht.
- Werden Sie ruhig und still.

Durchführung

- Tun Sie nichts, außer zu sitzen.
- Denken Sie an nichts.
- Sitzen Sie nur in der Stille.
- Öffnen Sie ganz langsam die Augen und betrachten Sie die Flamme der Kerze.
- Wenn Ihnen das Licht der Kerze zu hell erscheint, dann schauen Sie auf den Platz vor der Kerze und nehmen die Flamme nur indirekt wahr.
- Konzentrieren Sie sich ganz auf die Flamme.
- Entlassen Sie alle Gedanken aus Ihrem Kopf.
- Seien Sie ganz in der Gegenwart, im Hier und Jetzt.

Schließen Sie nach zirka 10 Minuten die Augen und lassen Sie die Meditation noch ein wenig nachwirken.

Beantworten Sie sich die nachfolgenden Fragen:

- Wie habe ich mich bei der Meditation gefühlt?
- Wie fühle ich mich jetzt?
- Konnte ich meinen Gedankenfluss beruhigen?
- War ich ruhig und gelassen?
- Wie ist mir die Konzentration auf das Kerzenlicht gelungen?
- War ich wohlwollend mir selbst gegenüber?
- Habe ich mich wohl gefühlt?
- Was hat mich gestört?
- Waren meine Gedanken und Gefühle positiv?
- Welche neuen Erfahrungen habe ich gemacht?
- Was werde ich das nächste Mal anders machen?

Beenden Sie jetzt diese Betrachtung und öffnen Sie langsam die Augen. Machen Sie einige tiefe Atemzüge und erheben Sie sich von Ihrem Meditationsplatz. Machen Sie einige bewusste Schritte durch den Raum und nehmen Sie Kontakt zur Umgebung auf. Löschen Sie das Kerzenlicht.

In dem Augenblick,
in dem man etwas seine ganze Aufmerksamkeit schenkt,
wird es zu einer geheimnisvollen, erstaunlichen,
unbeschreiblich herrlichen Welt.
Henry Miller

Übung 5
Konzentration auf die Meditationshaltung

(zirka 15 Minuten)

Übung

Wählen Sie aus dem Kapitel »Die Körperhaltung bei der Meditation« eine Haltung aus, die Ihnen angenehm ist oder leicht erlernbar erscheint (Sitzhaltung und Haltung der Hände). Experimentieren Sie mit verschiedenen Sitzhaltungen, bevor Sie mit der Meditation beginnen. Konzentrieren Sie sich ganz auf die Körperhaltung und die Signale, die Ihnen Ihr Körper gibt.

Vorbereitung

- Legen Sie eine CD mit sanfter Meditations- oder Entspannungsmusik auf, die Ihrer momentanen Stimmung entspricht.
- Nehmen Sie die gewählte Meditationshaltung ein.
- Lassen Sie die Schultern locker herabhängen.
- Halten Sie den Kopf aufrecht.
- Schließen Sie die Augen.

- Nehmen Sie einige tiefe Atemzüge.
- Atmen Sie danach durch die Nase ruhig ein und aus.
- Nehmen Sie wahr, wie Ihr Atem Sie immer tiefer in die Entspannung führt.
- Lassen Sie alle Anspannung los.
- Lassen Sie alle Gedanken los.
- Bewerten Sie nicht.
- Werden Sie ruhig und still.
- Beeinflussen Sie Ihren Atem nicht mehr mit Ihrem Willen.
- Es atmet jetzt ganz allein in Ihnen.

Durchführung

- Konzentrieren Sie sich ganz auf Ihren Körper.
- Stellen Sie sich abwechselnd immer wieder die folgenden Fragen:
  - Habe ich eine entspannte Körperhaltung?
  - Sitze ich ruhig ohne Bewegung?
- Wandern Sie unablässig gedanklich durch Ihren Körper.
- Nehmen Sie bewusst wahr, was Ihnen Ihr Körper sagt.
- Entspannen Sie Ihren Körper, wenn Sie Anspannungen feststellen.
- Lassen Sie sich nicht von anderen Gedanken ablenken.

- Bringen Sie Ihre Gedanken immer wieder sanft auf Ihr Körperempfinden zurück.
- Lassen Sie Ihren Atem frei fließen.
- Beeinflussen Sie ihn nicht mit Ihrem Willen.
- Führen Sie diese Meditation zirka 15 Minuten lang durch.
- Kehren Sie danach gedanklich langsam wieder in den Raum zurück.
- Öffnen Sie die Augen.
- Machen Sie einige tiefe Atemzüge.

Verbleiben Sie noch kurz in Ihrer Meditationshaltung und beantworten Sie sich die nachfolgenden Fragen:

- Wie ist mir die Konzentration gelungen?
- War ich still und ruhig?
- War ich gedanklich ganz bei meinem Körper und meiner Meditationshaltung?
- Habe ich mich wohl gefühlt?
- Was hat mich gestört?
- Welche Signale gab mir mein Körper?
- Waren meine Gefühle positiv?
- War ich wohlwollend mir selbst gegenüber?
- Welche neuen Erfahrungen habe ich gemacht?
- Was werde ich das nächste Mal anders machen?

Beenden Sie jetzt die Meditation und erheben Sie sich von Ihrem Meditationsplatz. Machen Sie einige

bewusste Schritte durch den Raum und nehmen Sie Kontakt zur Umgebung auf.

Sitze wie ein Berg, unerschütterlich und erhaben,
völlig entspannt und mit dir selbst im Reinen.
Sogyal Rinpoche

Übung 6
Atem-Meditation 2

(zirka 15 Minuten)

Übung

Eine weitere Möglichkeit, störende Gedanken zu umgehen, besteht darin, die Atemzüge gedanklich mit Zahlen zu begleiten. Werden Sie ruhig und still. Konzentrieren Sie sich ausschließlich auf Ihren Atem und die Zahlen. Denken Sie an nichts. Bewerten Sie nicht. Nehmen Sie nur wahr.

Vorbereitung

- Legen Sie eine CD mit sanfter Meditations- oder Entspannungsmusik auf, die Ihrer momentanen Stimmung entspricht.
- Setzen Sie sich aufrecht und entspannt in Ihre Meditationshaltung.
- Schließen Sie die Augen.
- Nehmen Sie einige tiefe Atemzüge.
- Atmen Sie danach durch die Nase ruhig ein und aus.

- Nehmen Sie wahr, wie Ihr Atem Sie immer tiefer in die Entspannung führt.
- Lassen Sie alle Anspannung los.
- Lassen Sie alle Gedanken los.
- Bewerten Sie nicht.
- Werden Sie ruhig und still.
- Beeinflussen Sie Ihren Atem nicht mehr mit Ihrem Willen.
- Es atmet jetzt ganz allein in Ihnen.

Durchführung

- Beim Einatmen denken Sie die Zahl 1.
- Beim Ausatmen denken Sie die Zahl 2.
- Beim nächsten Einatmen die Zahl 3.
- Beim nächsten Ausatmen die Zahl 4 usw.
- Zählen Sie auf diese Weise bis 10 und beginnen dann wieder bei 1.
- Lassen Sie sich nicht von anderen Gedanken ablenken.
- Bringen Sie Ihre Gedanken immer wieder sanft auf den Atem und die ihn begleitenden Zahlen zurück.
- Wenn Sie über 10 hinaus gezählt haben oder wenn Sie vergessen haben, weiterzuzählen, dann beginnen Sie immer wieder mit der 1 und zählen von dort aus weiter.
- Lassen Sie Ihren Atem frei fließen.
- Beeinflussen Sie ihn nicht mit Ihrem Willen.

- Führen Sie diese Meditation zirka 15 Minuten lang durch.
- Kehren Sie danach gedanklich langsam wieder in den Raum zurück.
- Öffnen Sie die Augen.
- Machen Sie einige tiefe Atemzüge.

Verbleiben Sie noch kurz in Ihrer Meditationshaltung und beantworten Sie sich die nachfolgenden Fragen:

- Wie ist mir die Konzentration gelungen?
- War ich still und ruhig?
- War ich gedanklich ganz beim Atmen und den Zahlen?
- Habe ich mich wohl gefühlt?
- Was hat mich gestört?
- Was war schön?
- Welche Signale gab mir mein Körper?
- Waren meine Gefühle positiv?
- War ich wohlwollend mir selbst gegenüber?
- Welche neuen Erfahrungen habe ich gemacht?
- Was werde ich das nächste Mal anders machen?

Beenden Sie jetzt die Meditation und erheben Sie sich von Ihrem Meditationsplatz. Machen Sie einige bewusste Schritte durch den Raum und nehmen Sie Kontakt zur Umgebung auf.

Der Atem ist der durch dich hindurchfließende
momentane Augenblick.
Diana Saltoon

Übung 7
Konzentration auf die Herztätigkeit

(zirka 15 Minuten)

Übung

Das Herz und seine Funktion stehen sowohl für Leben und Vitalität als auch für eine Reihe von Gefühlen. Bei dieser Meditation konzentrieren Sie sich ausschließlich auf den Herzschlag und nehmen die Herzfunktion aufmerksam wahr.

Vorbereitung

- Legen Sie eine CD mit sanfter Meditations- oder Entspannungsmusik auf, die Ihrer momentanen Stimmung entspricht.
- Setzen Sie sich aufrecht und entspannt in Ihre Meditationshaltung.
- Schließen Sie die Augen.
- Nehmen Sie einige tiefe Atemzüge.
- Atmen Sie durch die Nase ruhig ein und aus.
- Nehmen Sie wahr, wie Ihr Atem Sie immer tiefer in die Entspannung führt.

- Lassen Sie alle Anspannung los.
- Lassen Sie alle Gedanken los.
- Bewerten Sie nicht.
- Werden Sie ruhig und still.
- Tasten Sie mit den nebeneinander liegenden Zeige-, Mittel- und Ringfingern der linken Hand den Puls am Handgelenk der rechten Hand (Linkshänder umgekehrt). Unterhalb des Daumenballens spüren Sie den Herzschlag am deutlichsten.

Durchführung

- Konzentrieren Sie Ihre Gedanken ganz auf den Herzschlag.
- Nehmen Sie jeden Herzschlag wahr, ohne ihn zu bewerten.
- Zählen Sie jeden Herzschlag in Gedanken mit.
- Zählen Sie von 1 bis 10 und dann wieder bei 1 beginnend.
- Seien Sie ganz in der Gegenwart.
- Beunruhigen Sie sich nicht, wenn der Herzschlag einmal ausbleibt oder unregelmäßig ist.
- Nehmen Sie nur wahr, ohne zu bewerten.
- Wenn fremde Gedanken Sie ablenken, dann bringen Sie Ihre Aufmerksamkeit immer wieder sanft auf den Herzschlag zurück.
- Wenn Sie über 10 hinaus gezählt haben oder wenn Sie vergessen haben, weiterzuzählen, dann begin-

nen Sie immer wieder mit der 1 und zählen von dort aus weiter.
- Lassen Sie Ihren Atem frei fließen.
- Beeinflussen Sie ihn nicht mit Ihrem Willen.
- Führen Sie diese Meditation zirka 15 Minuten lang durch.
- Kehren Sie danach gedanklich langsam wieder in den Raum zurück.
- Öffnen Sie die Augen.
- Machen Sie einige tiefe Atemzüge.

Verbleiben Sie noch kurz in Ihrer Meditationshaltung und beantworten Sie sich die nachfolgenden Fragen:

- Wie ist mir die Konzentration gelungen?
- War ich still und ruhig?
- War ich gedanklich ganz beim Herzschlag und den Zahlen?
- Habe ich mich wohl gefühlt?
- Was hat mich gestört?
- Was war schön?
- Welche Signale gab mir mein Körper?
- Waren meine Gefühle positiv?
- War ich wohlwollend mir selbst gegenüber?
- Welche neuen Erfahrungen habe ich gemacht?
- Was werde ich das nächste Mal anders machen?

Beenden Sie jetzt die Meditation und erheben Sie sich von Ihrem Meditationsplatz. Machen Sie einige bewusste Schritte durch den Raum und nehmen Sie Kontakt zur Umgebung auf.

Achtsamkeit macht den Gegenstand der Beobachtung
wirklich lebendig und offenbart seine Herkunft,
seine Entstehung und seine wahre Natur.
Thich Nhat Hanh

Übung 8
Konzentrierte Körperwahrnehmung

(zirka 15 Minuten)

Übung

Nur wenn wir liebevoll mit unserem Körper umgehen und auf seine Signale hören, können wir auf ein gesundes und langes Leben hoffen. Bei dieser Meditation konzentrieren Sie sich ganz auf Ihren Körper und seine Signale. Nehmen Sie aufmerksam wahr, was Ihnen Ihr Körper mitzuteilen hat.

Vorbereitung

- Legen Sie eine CD mit sanfter Meditations- oder Entspannungsmusik auf, die Ihrer momentanen Stimmung entspricht.
- Setzen Sie sich aufrecht und entspannt in Ihre Meditationshaltung.
- Schließen Sie die Augen.
- Nehmen Sie einige tiefe Atemzüge.
- Atmen Sie danach durch die Nase ruhig ein und aus.

- Nehmen Sie wahr, wie Ihr Atem Sie immer tiefer in die Entspannung führt.
- Lassen Sie alle Anspannung los.
- Lassen Sie alle Gedanken los.
- Bewerten Sie nicht.
- Werden Sie ruhig und still.

Durchführung

- Konzentrieren Sie Ihre Gedanken ganz auf Ihren Körper.
- Nehmen Sie wahr, welchen Raum Ihr Körper einnimmt.
- Nehmen Sie nur wahr, ohne zu bewerten.
- Spüren Sie alle Körpersignale wie zum Beispiel Druckstellen, Verspannungen, Juckreize, Kribbeln, Vibrationen, Berührungen, Schmerzen, Geräusche.
- Wandern Sie die ganze Zeit gedanklich durch Ihren Körper.
- Nehmen Sie nur wahr, ohne zu bewerten.
- Seien Sie ganz in der Gegenwart.
- Wenn fremde Gedanken Sie ablenken, dann bringen Sie Ihre Aufmerksamkeit immer wieder sanft auf die Körperwahrnehmung zurück.
- Lassen Sie Ihren Atem frei fließen.
- Beeinflussen Sie ihn nicht mit Ihrem Willen.
- Führen Sie diese Meditation zirka 15 Minuten lang durch.

- Kehren Sie danach gedanklich langsam wieder in den Raum zurück.
- Öffnen Sie die Augen.
- Machen Sie einige tiefe Atemzüge.

Verbleiben Sie noch kurz in Ihrer Meditationshaltung und beantworten Sie sich die nachfolgenden Fragen:

- Wie ist mir die Konzentration gelungen?
- War ich still und ruhig?
- Welche Signale gab mir mein Körper?
- War ich gedanklich ganz auf die Körperwahrnehmung fixiert?
- Habe ich mich wohl gefühlt?
- Was hat mich gestört?
- Was war schön?
- Waren meine Gefühle positiv?
- War ich wohlwollend mir selbst gegenüber?
- Welche neuen Erfahrungen habe ich gemacht?
- Was werde ich das nächste Mal anders machen?

Beenden Sie jetzt die Meditation und erheben Sie sich von Ihrem Meditationsplatz. Machen Sie einige bewusste Schritte durch den Raum und nehmen Sie Kontakt zur Umgebung auf.

Übung 9
Atem-Meditation 3

(zirka 20 Minuten)

Übung

Eine weitere Möglichkeit der Atem-Meditation besteht darin, das Ein- und Ausatmen gedanklich mit Worten zu begleiten. Jedes beliebige Wort ist möglich, sofern es Ihnen angenehm und geeignet erscheint. Es sollte immer mit positiven Gedanken in Verbindung gebracht werden. Beispiele für den Atem begleitende Wörter sind:

Ein – Aus
Frie – de
Ru – he
Le – ben
Lie – be
Ent – spannen
Ruhig – werden

Vorbereitung

- Legen Sie eine CD mit sanfter Meditations- oder Entspannungsmusik auf, die Ihrer momentanen Stimmung entspricht.
- Setzen Sie sich aufrecht und entspannt in Ihre Meditationshaltung.
- Entspannen Sie Ihren ganzen Körper.
- Schließen Sie die Augen.
- Nehmen Sie einige tiefe Atemzüge.
- Atmen Sie danach durch die Nase ruhig ein und aus.
- Nehmen Sie wahr, wie Ihr Atem Sie immer tiefer in die Entspannung führt.
- Lassen Sie alle Anspannung los.
- Lassen Sie alle Gedanken los.
- Bewerten Sie nicht.
- Werden Sie ruhig und still.
- Beeinflussen Sie Ihren Atem nicht mehr mit Ihrem Willen.
- Es atmet jetzt ganz allein in Ihnen.

Durchführung

- Wählen Sie ein Wort, das Ihrer momentanen Stimmung entspricht.
- Atmen Sie ruhig ein und aus und konzentrieren Sie sich ausschließlich auf den Atemvorgang und das begleitende Wort.

- Lassen Sie sich nicht von anderen Gedanken ablenken.
- Bringen Sie Ihre Gedanken immer wieder sanft auf den Atem und das begleitende Wort zurück.
- Lassen Sie Ihren Atem frei fließen.
- Beeinflussen Sie ihn nicht mit Ihrem Willen.
- Führen Sie diese Meditation zirka 20 Minuten lang durch.
- Kehren Sie danach gedanklich langsam wieder in den Raum zurück.
- Öffnen Sie die Augen.
- Machen Sie einige tiefe Atemzüge.

Verbleiben Sie noch kurz in Ihrer Meditationshaltung und beantworten Sie sich die nachfolgenden Fragen:

- Wie ist mir die Konzentration gelungen?
- War ich still und ruhig?
- War ich gedanklich ganz beim Atmen und dem begleitenden Wort?
- Habe ich mich wohl gefühlt?
- Was hat mich gestört?
- Was war schön?
- Welche Signale gab mir mein Körper?
- Waren meine Gefühle positiv?
- War ich wohlwollend mir selbst gegenüber?
- Welche neuen Erfahrungen habe ich gemacht?
- Was werde ich das nächste Mal anders machen?

Beenden Sie jetzt die Meditation und erheben Sie sich von Ihrem Meditationsplatz. Machen Sie einige bewusste Schritte durch den Raum und nehmen Sie Kontakt zur Umgebung auf.

Gehe nicht nach außen: kehre in dich selbst zurück,
im innern Menschen wohnt die Wahrheit.
Augustinus

Übung 10
Denkaufgaben als Meditationsinhalt

(zirka 20 Minuten)

Übung

Mittelpunkt dieser Meditation ist das Nachdenken über eine wichtige Frage Ihres Lebens, beispielsweise: Wer bin ich? Was ist der Sinn meines Lebens? Welche Aufgaben, Visionen, Missionen habe ich in diesem Leben zu erfüllen? Was ist wirklich wichtig in meinem Leben? Welche Stellung nehme ich im Universum ein?
Dringen Sie tief in diese Fragen ein und ergründen Sie deren Bedeutung für Ihr Leben.

Vorbereitung

- Legen Sie eine CD mit sanfter Meditations- oder Entspannungsmusik auf, die Ihrer momentanen Stimmung entspricht.
- Setzen Sie sich aufrecht und entspannt in Ihre Meditationshaltung.
- Entspannen Sie Ihren ganzen Körper.

- Schließen Sie die Augen.
- Nehmen Sie einige tiefe Atemzüge.
- Atmen Sie danach durch die Nase ruhig ein und aus.
- Nehmen Sie wahr, wie Ihr Atem Sie immer tiefer in die Entspannung führt.
- Lassen Sie alle Anspannung los.
- Lassen Sie alle Gedanken los.
- Bewerten Sie nicht.
- Werden Sie ruhig und still.
- Beeinflussen Sie Ihren Atem nicht mehr mit Ihrem Willen.
- Es atmet jetzt ganz von allein in Ihnen.

Durchführung

- Wählen Sie die Frage, die Sie zurzeit beschäftigt oder die Sie besonders interessiert.
- Atmen Sie ruhig ein und aus und konzentrieren Sie sich ganz auf diese Fragestellung.
- Beruhigen Sie Ihren Geist und stellen Sie sich die gewählte Frage mehrmals.
- Bewerten Sie nicht, grübeln Sie nicht, bleiben Sie nur auf die Frage konzentriert.
- Atmen Sie ruhig ein und aus.
- Ihr Geist wird Ihnen ganz von selbst Antworten, neue Fragen, Gefühle oder Empfindungen mitteilen.

- Suchen Sie nicht krampfhaft nach einer Antwort.
- Bleiben Sie auf die Frage fixiert.
- Bleiben Sie ruhig und still.
- Führen Sie diese Meditation zirka 20 Minuten lang durch.
- Kehren Sie danach gedanklich langsam wieder in den Raum zurück.
- Öffnen Sie die Augen.
- Machen Sie einige tiefe Atemzüge.

Verbleiben Sie noch kurz in Ihrer Meditationshaltung und beantworten Sie sich die nachfolgenden Fragen:

- War ich mit meinen Gedanken ganz auf die Frage konzentriert?
- Welche Gedanken, Empfindungen oder Gefühle löste die Frage in mir aus?
- Welche Erkenntnisse habe ich gewonnen?
- Habe ich mich wohl gefühlt?
- War ich wohlwollend mir selbst gegenüber?
- Welche neuen Erfahrungen habe ich gemacht?
- Was werde ich das nächste Mal anders machen?

Beenden Sie jetzt die Meditation und erheben Sie sich von Ihrem Meditationsplatz. Machen Sie einige bewusste Schritte durch den Raum und nehmen Sie Kontakt zur Umgebung auf.

Achte auf deine Gedanken, denn sie werden deine Worte.
Achte auf deine Worte, denn sie werden deine Taten.
Achte auf deine Taten, denn sie werden deine Gewohnheiten.
Achte auf deine Gewohnheiten, denn sie werden dein Charakter.
Achte auf deinen Charakter, denn er wird dein Schicksal.

Talmud

Übung 11
Musik-Meditation

(Dauer entspricht der gewählten Musiklänge)

Übung

Bei dieser Meditation werden Sie ein anspruchsvolles Musikstück so konzentriert anhören, dass für die Zeit der Meditation das intensive Hören und der Musikgenuss zum Mittelpunkt Ihres Lebens werden.

Vorbereitung

- Wählen Sie eine CD mit einem anspruchsvollen Musikstück aus, das Ihrer momentanen Stimmung entspricht und das Sie bis in alle Details kennen lernen oder genießen möchten.
- Werke der Klassik, des Jazz, der großen Weltkulturen und Weltreligionen eignen sich besonders gut zur Musik-Meditation.
- Selbstverständlich können auch Einzelstücke oder Teile einer Komposition verwendet werden. Die angestrebte Meditationsdauer ist bei der Auswahl zu berücksichtigen.

- Es eignet sich jedes Musikstück, das Sie interessiert. Meditationsanfänger sollten zur Musik-Meditation erst einmal keine Entspannungsmusik verwenden, da diese zu sehr beruhigt, der Meditierende aber hellwach und mit großer Aufmerksamkeit und Konzentration der Musik folgen soll. Deshalb eignen sich für den Meditationsanfänger insbesondere instrumentale Musikwerke, deren Lautstärke und Rhythmus sich ändern.
- Ziel der Musik-Meditation ist das konzentrierte Hören des Musikstückes bis in alle seine Details hinein. Alle Gedanken und Sinne sind ganz auf das Musikerlebnis hin konzentriert.
- Legen Sie die CD mit dem ausgewählten Musikstück in den CD-Player.
- Programmieren Sie das gewünschte Musikstück auch im Hinblick auf die Meditationszeit.
- Starten Sie das Musikstück und begeben Sie sich in Ihre Meditationshaltung.
- Entspannen Sie Ihren ganzen Körper.
- Schließen Sie die Augen.
- Nehmen Sie einige tiefe Atemzüge und lassen Sie alle Anspannung los.
- Lassen Sie alle Gedanken los.
- Werden Sie ruhig und still.

Durchführung

- Richten Sie alle Gedanken, Ihre ganze Aufmerksamkeit nur auf das Musikerlebnis.
- Erleben Sie die Musik so tief wie möglich.
- Hören Sie genau hin.
- Lassen Sie sich durch nichts von diesem Hörerlebnis ablenken.
- Nehmen Sie die Instrumente, Lautstärken und Tempowechsel wahr.
- Erfassen Sie den Raumklang und die räumliche Verteilung der Instrumente.
- Nehmen Sie auch die dezenten und leisen Töne wahr.
- Vereinigen Sie sich geistig mit der Musik.
- Werden Sie mit der Musik eins.
- Wenn das Musikstück zu Ende ist, dann verweilen Sie noch eine kurze Zeit in Stille.
- Lassen Sie die Musik in Ihrem Geist noch ein wenig nachklingen.
- Kehren Sie erst danach gedanklich wieder in den Raum zurück.
- Öffnen Sie die Augen.
- Machen Sie einige tiefe Atemzüge.

Verbleiben Sie noch kurz in Ihrer Meditationshaltung und beantworten Sie sich die nachfolgenden Fragen:

- Wie ist mir die Konzentration gelungen?
- War ich still und ruhig?
- War ich mit meiner Wahrnehmung immer in der Gegenwart?
- Habe ich mich wohl gefühlt?
- Was hat mich gestört?
- Konnte ich die Musik genießen und tief ergründen?
- War ich wohlwollend mir selbst gegenüber?
- Welche neuen Erfahrungen habe ich gemacht?
- Was werde ich das nächste Mal anders machen?

Beenden Sie jetzt die Meditation und erheben Sie sich von Ihrem Meditationsplatz. Machen Sie einige bewusste Schritte durch den Raum und nehmen Sie Kontakt zur Umgebung auf.

Geh, wohin du willst: wo du auf Menschen triffst.
Überall wird dir ihre Musik ihr Innerstes erschließen.
Herrmann Ritter

Übung 12
Vokal-Meditation

(zirka 30 Minuten)

Übung

Bei dieser Meditation werden nacheinander die Vokale A – E – I – O – U gesummt bzw. gesungen. Die Selbstlaute schwingen und verursachen an verschiedenen Körperstellen leichte Vibrationen. Ertasten Sie das Zentrum der Vibration mit der Innenfläche einer Hand und konzentrieren Sie sich zirka 3 Minuten lang ganz auf diesen Körperbereich (Körperwahrnehmung). Danach richten Sie zirka 3 Minuten lang Ihre ganze Aufmerksamkeit auf die akustische Wahrnehmung des Tones (Hörerlebnis).

Vorbereitung

- Begeben Sie sich in Ihre Meditationshaltung.
- Entspannen Sie Ihren ganzen Körper.
- Schließen Sie die Augen.
- Nehmen Sie einige tiefe Atemzüge und lassen Sie alle Anspannung los.

- Lassen Sie alle Gedanken los.
- Werden Sie ruhig und still.

Durchführung

- Beginnen Sie mit dem Selbstlaut »A«.
- Atmen Sie durch die Nase ein, und atmen Sie langsam durch den Mund aus, wobei Sie den Selbstlaut erklingen lassen.
- Formen Sie den Ton mit Ihrem Mund und dem Kehlkopf.
- Summen bzw. singen Sie in einer Lautstärke, die Ihnen angenehm ist.
- Summen bzw. singen Sie so, dass Sie den Selbstlaut deutlich hören können.
- Lassen Sie den Vokal möglichst lange erklingen.
- Bleiben Sie entspannt.
- Tasten Sie mit einer Handinnenfläche nach dem Zentrum der Vibration.
- Konzentrieren Sie Ihre ganze Aufmerksamkeit auf das Zentrum der Körperschwingung (zirka 3 Minuten lang).
- Danach konzentrieren Sie sich nur auf das Hören des Tones (zirka 3 Minuten lang).
- Experimentieren Sie mit der Aussprache, Betonung, Lautstärke und dem Klang.
- Spüren Sie, was der Ton in Ihnen bewirkt.
- Spüren Sie, welche Gefühle er in Ihnen weckt.

- Bewerten Sie nicht, nehmen Sie nur wahr. Seien Sie ganz in der Gegenwart.
- Wenn fremde, nicht zur Meditation gehörende Gedanken auftauchen, dann kehren Sie ganz sanft wieder zur Körperwahrnehmung bzw. zur Hörerfahrung zurück.
- Summen bzw. singen Sie das »A« zirka 6 Minuten lang.
- Setzen Sie die Meditation in gleicher Weise mit den Vokalen »E«, »I«, »O«, »U« fort.

Verbleiben Sie danach noch kurz in Ihrer Meditationshaltung und beantworten Sie sich die nachfolgenden Fragen:

- War ich mit meinen Gedanken ganz auf die Körper- bzw. Hörwahrnehmung konzentriert?
- Welche Signale gaben mir mein Geist und mein Körper?
- Welche Gedanken, Empfindungen oder Gefühle löste das Summen/Singen der Töne in mir aus?
- Habe ich mich wohl gefühlt?
- War ich wohlwollend mir selbst gegenüber?
- Welche neuen Erfahrungen habe ich gemacht?
- Was werde ich das nächste Mal anders machen?

Beenden Sie jetzt die Meditation und erheben Sie sich von Ihrem Meditationsplatz. Machen Sie einige

bewusste Schritte durch den Raum und nehmen Sie Kontakt zur Umgebung auf.

Was dich am meisten zur Höhe trägt,
ist die Geduld mit dir selbst.
Franz von Sales

Übung 13
Ess-Meditation

(Dauer entspricht der Zeit, die Sie für ein achtsames Essen wählen)

Übung

Der Vorgang des Essens ist zu kostbar, um dies nur beiläufig zu tun. Bei der nachfolgenden Meditation konzentrieren Sie sich daher auf das Ess-Erlebnis und nehmen alle Aspekte der Nahrungsaufnahme ganz bewusst wahr. Nur wer achtsam isst, erfährt ein Gefühl der Wertschätzung und Dankbarkeit für seine Nahrung.

Vorbereitung

- Wählen Sie eine schmackhafte Speise aus, die Ihrem momentanen Appetit entspricht, und bereiten Sie diese mit Freude und Aufmerksamkeit zu.
- Achten Sie auf eine natürliche, gesunde und ausgewogene Ernährung.
- Bereiten Sie den Tisch mit Sorgfalt so vor, dass Sie sich dort wohl fühlen.

Durchführung

- Beginnen Sie die Ess-Meditation damit, dass Sie die Speise vor sich hinstellen und einen Moment lang ruhig anschauen.
- Denken Sie über die Herkunft der Nahrung nach, und danken Sie allen, die zur Herstellung der Nahrung beigetragen haben.
- Sprechen Sie einen schlichten Dankes- oder Segensspruch, der Ihnen spontan in den Sinn kommt.
- Falls Sie Fleisch oder Fisch essen, bedanken Sie sich bei dem Tier, das für Sie sein Leben gelassen hat.
- Verhalten Sie sich einen Augenblick lang ganz still und nehmen Sie bewusst Ihren Körper und vor allem Ihr Hungergefühl wahr.
- Betrachten Sie nun die Speise und nehmen Sie deren Geruch, deren Aussehen, die Farben und Formen ganz bewusst wahr.
- Beginnen Sie, langsam zu essen, und achten Sie bei jedem Bissen darauf, was Sie dabei empfinden. (Wenn Sie dazu etwas trinken, dann trinken Sie ebenfalls langsam und bewusst.)
- Nehmen Sie das Essen mit allen möglichen Sinnen wahr (sehen, riechen, schmecken).
- Wie ist der Geschmack, die Konsistenz, die Temperatur?
- Machen Sie sich entspannt und zwanglos jeden As-

pekt des Essens bewusst (das Anheben der Speise zum Mund, das Kauen, das Schmecken, das Schlucken, das Gefühl im Magen).

- Lassen Sie sich Zeit und kosten Sie sorgfältig jeden einzelnen Bissen (jeden einzelnen Schluck).
- Machen Sie zwischen den Bissen immer eine kurze Pause.
- Fahren Sie bis zum Ende der Mahlzeit mit dieser aufs Essen (und Trinken) gerichteten Achtsamkeit fort.
- Achten Sie auf den Zeitpunkt, an dem Sie anfangen, sich satt zu fühlen.
- Beenden Sie das Essen mit einem Gefühl der Dankbarkeit.

Bleiben Sie noch einen Moment lang sitzen und beantworten Sie sich die nachfolgenden Fragen:

- War ich mit meinen Gedanken ganz auf das Essen (Trinken) konzentriert?
- Welche Signale gaben mir mein Geist und mein Körper?
- Welche Gedanken, Empfindungen oder Gefühle löste das bewusste Essen (Trinken) in mir aus?
- Habe ich mich wohl gefühlt?
- War ich wohlwollend mir selbst gegenüber?
- Welche neuen Erfahrungen habe ich gemacht?
- Was werde ich das nächste Mal anders machen?

Schenke jeder Tätigkeit deine volle Aufmerksamkeit,
dann werden selbst die kleinen Dinge heilig.

Osho

Übung 14
Tast-Meditation

(zirka 30 Minuten)

Übung

Ein Naturstein wird bei der nachfolgenden Meditation im Zentrum Ihrer Aufmerksamkeit stehen.

Vorbereitung

- Sie benötigen einen Naturstein (zum Beispiel Kiesel- oder Basaltstein), der etwa Handgröße hat und Ihnen gefällt.
- Reinigen und trocknen Sie diesen Stein.
- Legen Sie den Stein in Ihre Hände und begeben Sie sich an den Ort Ihrer Meditation.
- Nehmen Sie Ihre Meditationshaltung ein.
- Halten Sie den Stein in den Händen.
- Nehmen Sie einige tiefe Atemzüge und werden Sie ruhig und still.
- Schließen Sie die Augen.

Durchführung

- Nehmen Sie gedanklich Kontakt zu Ihrem Stein auf.
- Konzentrieren Sie sich ganz auf den Stein und erforschen Sie ihn mit Ihren Fingern.
- Wie fühlt er sich an (seine Form, die Kanten, Rundungen, Strukturen, Erhöhungen und Vertiefungen)?
- Bewerten Sie nicht, nehmen Sie nur wahr.
- Ertasten Sie ihn von allen Seiten.
- Drehen und wenden Sie ihn.
- Nehmen Sie sich Zeit.
- Konzentrieren Sie Ihren Tastsinn immer wieder auf den Stein.
- Lassen Sie alle Gedanken, die sich nicht auf den Stein beziehen, vorbeiziehen.
- Seien Sie ganz in der Gegenwart, im Hier und Jetzt.
- Wenn die Meditationszeit vorüber ist, dann beenden Sie das Erforschen Ihres Steines.
- Lassen Sie die Meditation noch ein wenig nachklingen.
- Öffnen Sie die Augen und betrachten Sie den Stein von allen Seiten.
- Kehren Sie danach gedanklich wieder in den Raum zurück.
- Machen Sie einige tiefe Atemzüge.

Verbleiben Sie noch kurz in Ihrer Meditationshaltung und beantworten Sie sich die nachfolgenden Fragen:

- War ich mit meinen Gedanken ganz auf den Stein konzentriert?
- Welche Gedanken, Empfindungen oder Gefühle löste das Tasten des Steines in mir aus?
- Habe ich mich wohl gefühlt?
- War ich wohlwollend mir selbst gegenüber?
- Welche neuen Erfahrungen habe ich gemacht?
- Was werde ich das nächste Mal anders machen?

Beenden Sie jetzt die Meditation und erheben Sie sich von Ihrem Meditationsplatz. Machen Sie einige bewusste Schritte durch den Raum und nehmen Sie Kontakt zur Umgebung auf. Bewahren Sie den Stein als guten Begleiter auf.

Ich habe es erfahren, glaub es mir:
In den Wäldern findest du mehr als in Büchern.
Holz und Steine werden dich über Dinge belehren,
von denen du bei den Lehrern nichts hören wirst.
Bernhard von Clairvaux

Übung 15
Geh-Meditation

(zirka 30 Minuten)

Übung

Bei dieser Meditation konzentrieren Sie sich ganz auf das Gehen. Gehen Sie langsam. Machen Sie jede Körperbewegung sehr bewusst. Lenken Sie Ihre ganze Aufmerksamkeit auf den Vorgang des Gehens, auf alle Bewegungsabläufe des Körpers. Nehmen Sie Ihren Körper ganz bewusst wahr.

Vorbereitung

- Gehen Sie in einen nahe gelegenen Wald oder Park, den Sie kennen.
- Gehen Sie zu einer Zeit, in der Sie nach Möglichkeit ungestört sind.
- Suchen Sie einen Ort ohne Verkehrs- und Industrielärm auf.

Durchführung

- Halten Sie die Hände vor dem Bauch oder auf dem Rücken zusammen, damit Hände und Arme keine Bewegungen machen.
- Gehen Sie langsam und setzen Sie bei jedem Schritt die Füße ganz bewusst auf den Boden auf.
- Richten Sie Ihren Blick entspannt nach vorn, ohne auf irgendetwas Besonderes zu achten.
- Nehmen Sie mit jedem Schritt Kontakt mit dem Untergrund auf.
- Nehmen Sie den sonst automatisch ablaufenden Gehvorgang in jeder Einzelheit wahr.
- Achten Sie auf alle Teilaspekte des Bewegungsablaufes.
- Richten Sie Ihre ganze Achtsamkeit auf den Vorgang des Gehens.
- Was machen die Füße, die Beine, die Gelenke, die Hüfte, der Oberkörper und der ganze restliche Körper?
- Beobachten Sie, wie sich Ihr Körpergewicht beim Gehen verlagert.
- Spüren Sie, wie der Bodenkontakt kommt und geht.
- Machen Sie jede Körperbewegung ganz bewusst und nehmen Sie diese wahr.
- Konzentrieren Sie sich während der ganzen Meditation nur auf das Gehen.

- Seien Sie achtsam.
- Nehmen Sie nur wahr, bewerten Sie nicht.
- Lassen Sie sich durch keine fremden Gedanken von dieser Achtsamkeit ablenken.
- Wenn die Gedanken von der Gehbewegung abschweifen, dann ist es hilfreich, einen Augenblick lang stehen zu bleiben und anschließend erneut mit dem Gehen zu beginnen.
- Seien Sie wohlwollend sich selbst gegenüber.
- Bleiben Sie nach Ablauf der Meditationszeit einen kurzen Augenblick stehen.
- Nehmen Sie ein paar tiefe Atemzüge.
- Lockern Sie Ihren Körper.

Beantworten Sie sich die nachfolgenden Fragen:

- War ich mit meinen Gedanken ganz auf das Gehen und die Funktion des Bewegungsapparates konzentriert?
- Welche Gedanken gingen mir durch den Kopf, welche Gefühle und Empfindungen hatte ich?
- Habe ich mich wohl gefühlt?
- War ich wohlwollend mir selbst gegenüber?
- Welche neuen Erfahrungen habe ich gemacht?
- Was werde ich das nächste Mal anders machen?

Nehmen Sie bewusst Blickkontakt zur Umgebung auf und gehen Sie im normalen Tempo nach Hause.

Gerade von der Geh-Meditation haben viele Anfänger
großen Gewinn. Wer den Eindruck hat, sie bringe ihm nichts,
dem fehlt es schlicht an Achtsamkeit.

Ayya Khema

Übung 16
Hör-Meditation

(zirka 30 Minuten)

Übung

Bei dieser Meditation konzentrieren Sie sich auf die Geräusche, die Sie im Moment wahrnehmen.

Vorbereitung

- Gehen Sie in einen nahe gelegenen Wald oder Park, den Sie kennen.
- Gehen Sie zu einer Zeit, in der Sie nach Möglichkeit ungestört sind.
- Suchen Sie einen Ort ohne Verkehrs- und Industrielärm auf.

Durchführung

- Gehen Sie ein Stück vom Weg ab und suchen Sie sich einen ruhigen Ort zwischen Bäumen oder Sträuchern.

- Begeben Sie sich in Ihre Meditationshaltung oder setzen Sie sich auf eine Bank, einen Baumstamm oder lehnen Sie sich an einen Baum.
- Werden Sie ruhig und sammeln Sie sich.
- Atmen Sie entspannt ein und aus.
- Schließen Sie die Augen und konzentrieren Sie sich nur auf die Geräusche, die Sie hören.
- Lassen Sie die störenden Gedanken wie Wolken vorbeiziehen.
- Konzentrieren Sie sich nur auf das, was Sie hören.
- Nehmen Sie nur wahr.
- Nehmen Sie nach Ablauf der Meditationszeit ein paar tiefe Atemzüge.
- Lockern Sie Ihren Körper.

Beantworten Sie sich die nachfolgenden Fragen:

- War ich mit meinen Gedanken ganz auf die Geräusche konzentriert?
- Welche Signale gaben mir mein Geist und mein Körper?
- Welche Gedanken, Empfindungen oder Gefühle löste das Hören dieser Geräusche in mir aus?
- Habe ich mich wohl gefühlt?
- War ich wohlwollend mir selbst gegenüber?
- Welche neuen Erfahrungen habe ich gemacht?
- Was werde ich das nächste Mal anders machen?

Nehmen Sie bewusst Blickkontakt zur Umgebung auf und gehen Sie im normalen Tempo zurück zu Ihrer Wohnung.

Wenn man die Ruhe nicht in sich selbst findet,
ist es umsonst, sie anderswo zu suchen.
François de La Rochefoucauld

Übung 17
Duft-Meditation

(zirka 30 Minuten)

Übung

Der Raumduft, der von einer Duftkerze, einer Duftlampe mit ätherischem Öl, von Räucherstäbchen oder Weihrauch ausgeht, wird bei der nachfolgenden Meditation im Zentrum Ihrer Aufmerksamkeit stehen.

Vorbereitung

- Bereiten Sie den Duftgeber vor und zünden Sie ihn an.
- Warten Sie, bis sich der Duft im ganzen Raum verteilt hat.
- Der Duft sollte angenehm und nicht zu stark sein.

Durchführung

- Begeben Sie sich in Ihre Meditationshaltung.
- Nehmen Sie einige tiefe Atemzüge.
- Werden Sie ruhig und still.

- Schließen Sie die Augen und nehmen Sie den Duft entspannt wahr.
- Konzentrieren Sie sich ganz auf den Duft.
- Nehmen Sie den Duft ruhig und gleichmäßig mit Ihrem Atem auf.
- Tun Sie dies langsam und achtsam.
- Konzentrieren Sie sich ganz auf Ihre Geruchserfahrung.
- Verbinden Sie sich gedanklich ganz mit dem Duft.
- Genießen Sie das Dufterlebnis.

Lösen Sie sich nach Ablauf der Meditationszeit gedanklich von diesem Duft und treten Sie wieder in das Tagesbewusstsein ein.

Beantworten Sie sich die nachfolgenden Fragen:

- War ich mit meinen Gedanken ganz auf den Duft konzentriert?
- Welche Gedanken, Empfindungen oder Gefühle löste das Dufterlebnis in mir aus?
- Habe ich mich wohl gefühlt?
- War ich wohlwollend mir selbst gegenüber?
- Welche neuen Erfahrungen habe ich gemacht?
- Was werde ich das nächste Mal anders machen?

Beenden Sie jetzt die Meditation und erheben Sie sich von Ihrem Meditationsplatz. Machen Sie einige

bewusste Schritte durch den Raum und nehmen Sie Kontakt zur Umgebung auf.

Gönn dir einen Augenblick der Ruhe, und du begreifst,
wie närrisch du herumgelaufen bist. Lerne schweigen,
und du merkst, dass du zu viel gesagt hast.
Tschen Tschiju

Übung 18
Positiv-Meditation

(zirka 30 Minuten)

Übung

Wecken Sie die positiven Energien in Ihrem Geist und Körper, indem Sie das Wort »Ja« immer wieder denken, sagen oder singen: »Ja – Ja – Ja – Ja – Ja ...«

Vorbereitung

- Begeben Sie sich in Ihre Meditationshaltung.
- Entspannen Sie Ihren ganzen Körper.
- Schließen Sie die Augen.
- Nehmen Sie einige tiefe Atemzüge und lassen Sie alle Anspannung los.
- Lassen Sie alle Gedanken los und werden Sie ruhig und still.

Durchführung

- Sprechen Sie das »Ja« zunächst leise für sich.
- Achten Sie auf Ihre Empfindungen und Gefühle.

- Sprechen Sie nach einer Weile das »Ja« laut aus.
- Experimentieren Sie mit der Lautstärke und der Betonung.
- Sprechen Sie das »Ja« kurz oder lang gezogen aus.
- Achten Sie dabei auf Ihre Empfindungen und Gefühle.
- Gehen Sie nach einer Weile vom Sprechen zum Singen über.
- Experimentieren Sie mit der Tonhöhe und der Tonlänge.
- Achten Sie dabei auf Ihre Empfindungen und Gefühle.
- Gehen Sie zum Ende der Meditation wieder zum lautlosen »Ja« über.
- Konzentrieren Sie sich während der Meditation nur auf Ihre Empfindungen und Gefühle.
- Nehmen Sie nur wahr, bewerten Sie nicht.
- Nehmen Sie nach Ablauf der Meditationszeit ein paar tiefe Atemzüge und lockern Sie Ihren Körper.
- Lassen Sie die Meditation noch ein wenig nachklingen.
- Kehren Sie danach gedanklich wieder in den Raum zurück.
- Öffnen Sie die Augen.

Verbleiben Sie noch kurz in Ihrer Meditationshaltung und beantworten Sie sich die nachfolgenden Fragen:

- War ich mit meinen Gedanken ganz auf meine Empfindungen und Gefühle konzentriert?
- Welche Gedanken, Empfindungen und Gefühle löste diese Meditation in mir aus?
- Habe ich mich wohl gefühlt?
- War ich wohlwollend mir selbst gegenüber?
- Welche neuen Erfahrungen habe ich gemacht?
- Was werde ich das nächste Mal anders machen?

Beenden Sie jetzt die Meditation und erheben Sie sich von Ihrem Meditationsplatz. Machen Sie einige bewusste Schritte durch den Raum und nehmen Sie Kontakt zur Umgebung auf.

Das Glück deines Lebens hängt von der Beschaffenheit deiner Gedanken ab.

Marc Aurel

Übung 19
Meditation »Lauschen auf den eigenen Grundton«

(zirka 30 Minuten)

Übung

Das Gehirn eines jeden Menschen hat eine individuelle Grundschwingung. Weil dieser »Grundton der Schöpfung« sehr leise ist, kann er nur in ruhiger Umgebung und bei völliger Konzentration wahrgenommen werden.

Vorbereitung

- Begeben Sie sich in einen ruhigen Raum.
- Nehmen Sie dort Ihre Meditationshaltung ein.
- Entspannen Sie Ihren ganzen Körper und schließen Sie die Augen.
- Nehmen Sie einige tiefe Atemzüge und lassen Sie alle Anspannung los.
- Lassen Sie alle Gedanken los und werden Sie ruhig und still.

Durchführung

- Richten Sie Ihre Aufmerksamkeit zunächst auf die Töne und Geräusche Ihrer Umgebung.
- Nehmen Sie nur wahr, bewerten Sie nicht.
- Lenken Sie nach einiger Zeit Ihre Aufmerksamkeit nach innen.
- Lauschen Sie mit Aufmerksamkeit und Geduld nach innen.
- Im oberen Bereich des Kopfes nehmen Sie einen feinen, leisen Ton wahr.
- Meist ist es ein feines Zirpen oder Pfeifen, das noch von anderen Tönen überlagert sein kann.
- Jeder Mensch hat seinen eigenen »Grundton der Schöpfung«.
- Wenn Sie Ihren Grundton hören und wahrnehmen, dann verweilen Sie gedanklich bei diesem Ton.
- Nehmen Sie ihn wahr und hören Sie genau hin.
- Konzentrieren Sie Ihre Gedanken ganz auf diesen Ton.
- Bewerten Sie diesen Ton nicht, nehmen Sie ihn nur wahr.
- Seien Sie ganz in der Gegenwart, im Hier und Jetzt.
- Seien Sie liebevoll und geduldig mit sich selbst, wenn Sie Ihren Grundton nicht sofort erkennen oder wenn Ihnen die Konzentration auf diesen Grundton nicht gleich gelingt.

- Richten Sie gegen Ende der Meditation Ihre Aufmerksamkeit wieder auf die Töne und Geräusche Ihrer Umgebung.
- Nehmen Sie ein paar tiefe Atemzüge und lockern Sie Ihren Körper.
- Lassen Sie die Meditation noch ein wenig nachklingen.
- Öffnen Sie die Augen.

Verbleiben Sie noch kurz in Ihrer Meditationshaltung und beantworten Sie sich die nachfolgenden Fragen:

- Habe ich meinen individuellen Grundton wahrgenommen?
- War ich mit meinen Gedanken ganz auf diesen Grundton fixiert?
- Welche Gedanken, Empfindungen und Gefühle löste das Lauschen auf diesen Grundton in mir aus?
- Habe ich mich wohl gefühlt?
- War ich wohlwollend mir selbst gegenüber?
- Welche neuen Erfahrungen habe ich gemacht?
- Was werde ich das nächste Mal anders machen?

Beenden Sie jetzt die Meditation und erheben Sie sich von Ihrem Meditationsplatz. Machen Sie einige bewusste Schritte durch den Raum und nehmen Sie Kontakt zur Umgebung auf.

Übung 20
Konzentration auf eine Wolke

(zirka 30 Minuten)

Übung

Bei dieser Meditation konzentrieren Sie sich ausschließlich auf eine Wolke oder eine Wolkengruppe.

Vorbereitung

- Suchen Sie einen Ort auf, an dem Sie ungestört den Himmel beobachten können (Balkon, Terrasse, Garten, Wald, Feld).
- Kleiden Sie sich der Witterung entsprechend. Ihr Körper darf nicht auskühlen. Schützen Sie sich vor Zugluft.
- Nehmen Sie Ihre Meditationshaltung ein oder setzen Sie sich aufrecht auf eine Bank oder einen Stuhl.
- Nehmen Sie einige tiefe Atemzüge und werden Sie ruhig und still.

Durchführung

- Nehmen Sie gedanklich Kontakt zu den Wolken am Himmel auf.
- Betrachten Sie zunächst das Bild, das sich Ihnen bietet, und lassen Sie den Gesamteindruck auf sich wirken.
- Gehen Sie dann zu einer konzentrierten Detailbetrachtung über. Nehmen Sie alle Einzelheiten aufmerksam wahr.
- Richten Sie Ihre ganze Aufmerksamkeit auf das Wolkenbild und seine Bewegung.
- Bewerten Sie nicht, nehmen Sie nur wahr.
- Seien Sie ganz in der Gegenwart, im Hier und Jetzt.
- Genießen Sie jeden Augenblick.
- Atmen Sie ruhig ein und aus.
- Seien Sie liebevoll und geduldig mit sich selbst, wenn Ihnen die Konzentration nicht sofort gelingt.
- Nach Ablauf der Meditationszeit kommen Sie gedanklich wieder zurück zu dem Ort, an dem Sie sich zurzeit befinden.
- Machen Sie einige tiefe Atemzüge und lassen Sie die Meditation noch etwas nachwirken.

Beantworten Sie sich die nachfolgenden Fragen:

- War ich mit meinen Gedanken ganz auf das Wolkenbild konzentriert?
- Welche Signale gaben mir mein Geist und mein Körper?
- Welche Gedanken, Empfindungen oder Gefühle löste das Betrachten der Wolke/Wolkengruppe in mir aus?
- Habe ich mich wohl gefühlt?
- War ich wohlwollend mir selbst gegenüber?
- Welche neuen Erfahrungen habe ich gemacht?
- Was werde ich das nächste Mal anders machen?

Beenden Sie jetzt die Meditation und erheben Sie sich von Ihrem Meditationsplatz. Machen Sie einige bewusste Schritte und nehmen Sie Kontakt zur Umgebung auf.

Die Zeit, die vorbei ist, habt ihr nicht.
Die Zeit, die kommt, ist euch nicht sicher.
Allein der Augenblick der Gegenwart ist euer.
Katharina von Siena

Übung 21
Meditation des Sonnenaufgangs

(zirka 30 Minuten)

Übung

Bei dieser Meditation erleben Sie mit allen Sinnen den Beginn eines neuen Tages.

Vorbereitung

- Suchen Sie einen Ort auf, an dem Sie ungestört den Himmel beobachten können (Balkon, Terrasse, Garten, Wald, Feld).
- Seien Sie zirka 15 Minuten vor Sonnenaufgang (bei Bewölkung: Tagesanbruch) am Meditationsort.
- Kleiden Sie sich der Witterung entsprechend. Ihr Körper darf nicht auskühlen. Schützen Sie sich vor Zugluft.
- Nehmen Sie Ihre Meditationshaltung ein oder setzen Sie sich aufrecht auf eine Bank oder einen Stuhl.
- Nehmen Sie einige tiefe Atemzüge und werden Sie ruhig und still.

Durchführung

- Nehmen Sie gedanklich Kontakt zum Horizont auf.
- Betrachten Sie zunächst das Bild, das sich Ihnen bietet, und lassen Sie den Gesamteindruck auf sich wirken.
- Gehen Sie dann zu einer konzentrierten Detailbetrachtung über. Nehmen Sie alle Einzelheiten aufmerksam wahr.
- Richten Sie Ihre ganze Aufmerksamkeit auf das Wunder dieses Tagesanbruchs.
- Bewerten Sie nicht, nehmen Sie nur wahr.
- Genießen Sie jeden Augenblick.
- Seien Sie ganz in der Gegenwart, im Hier und Jetzt.
- Atmen Sie ruhig ein und aus.
- Seien Sie liebevoll und geduldig mit sich selbst, wenn Ihnen die Konzentration nicht sofort gelingt.
- Nach Ablauf der Meditationszeit kommen Sie gedanklich wieder zurück zu dem Ort, an dem Sie sich zurzeit befinden.
- Machen Sie einige tiefe Atemzüge und lassen Sie die Meditation noch etwas nachwirken.

Beantworten Sie sich die nachfolgenden Fragen:

- War ich mit meinen Gedanken ganz auf den Sonnenaufgang/Tagesanbruch konzentriert?
- Welche Signale gaben mir mein Geist und mein Körper?
- Welche Gedanken, Empfindungen oder Gefühle löste das Betrachten des Sonnenaufgangs/Tagesanbruchs in mir aus?
- Habe ich mich wohl gefühlt?
- War ich wohlwollend mir selbst gegenüber?
- Welche neuen Erfahrungen habe ich gemacht?
- Was werde ich das nächste Mal anders machen?

Beenden Sie jetzt die Meditation und erheben Sie sich von Ihrem Meditationsplatz. Machen Sie einige bewusste Schritte und nehmen Sie Kontakt zur Umgebung auf.

Die wahre Lebensweisheit besteht darin,
im Alltäglichen das Wunderbare zu sehen.
Pearl S. Buck

Übung 22
Meditation des Abendhimmels

(zirka 30 Minuten)

Übung

Bei dieser Meditation erleben Sie mit allen Sinnen den Abendhimmel.

Vorbereitung

- Suchen Sie nach Einbruch der Dunkelheit einen Ort auf, an dem Sie ungestört den Abendhimmel (Mond, Sterne, Bewölkung, Niederschlag usw.) beobachten können (Balkon, Terrasse, Garten, Wald, Feld).
- Kleiden Sie sich der Witterung entsprechend. Ihr Körper darf nicht auskühlen. Schützen Sie sich vor Zugluft.
- Nehmen Sie Ihre Meditationshaltung ein oder setzen Sie sich aufrecht auf eine Bank oder einen Stuhl.
- Nehmen Sie einige tiefe Atemzüge und werden Sie ruhig und still.

Durchführung

- Nehmen Sie gedanklich Kontakt zum Abendhimmel auf.
- Betrachten Sie zunächst das Bild, das sich Ihnen bietet, und lassen Sie den Gesamteindruck auf sich wirken.
- Gehen Sie dann zu einer konzentrierten Detailbetrachtung über (Mond, einzelne Sterne usw.). Nehmen Sie alle Einzelheiten aufmerksam wahr.
- Richten Sie Ihre ganze Aufmerksamkeit auf das Wunder des Abendhimmels.
- Bewerten Sie nicht, nehmen Sie nur wahr.
- Genießen Sie jeden Augenblick.
- Seien Sie ganz in der Gegenwart, im Hier und Jetzt.
- Atmen Sie ruhig ein und aus.
- Seien Sie liebevoll und geduldig mit sich selbst, wenn Ihnen die Konzentration nicht sofort gelingt.
- Nach Ablauf der Meditationszeit kommen Sie gedanklich wieder zurück zu dem Ort, an dem Sie sich zurzeit befinden.
- Machen Sie einige tiefe Atemzüge.

Beantworten Sie sich die nachfolgenden Fragen:

- War ich mit meinen Gedanken ganz im Abendhimmel versunken?
- Welche Signale gaben mir mein Geist und mein Körper?
- Welche Gedanken, Empfindungen oder Gefühle löste das Betrachten des Abendhimmels in mir aus?
- Habe ich mich wohl gefühlt?
- War ich wohlwollend mir selbst gegenüber?
- Welche neuen Erfahrungen habe ich gemacht?
- Was werde ich das nächste Mal anders machen?

Beenden Sie jetzt die Meditation und erheben Sie sich von Ihrem Meditationsplatz. Machen Sie einige bewusste Schritte und nehmen Sie Kontakt zur Umgebung auf.

Viele Menschen spüren kaum noch richtige Erde unter den Füßen, sie sehen kaum die Pflanzen wachsen und lassen nur selten die Lichter der Straßenlaternen hinter sich, um den Zauber eines sternenübersäten Nachthimmels auf sich wirken zu lassen. Wenn sich Menschen so weit weg von all dem Leben, das der Große Geist geschaffen hat, entfernen, dann entfernen sie sich auch von seinen ewigen Gesetzen.

Tatanga Mani

Übung 23
Meditation über Körperwahrnehmung und Dankbarkeit

(zirka 30 Minuten)

Übung

Mit dieser geführten Meditation richten Sie Ihre ganze Aufmerksamkeit auf Ihren Körper. Sie konzentrieren sich auf die unterschiedlichsten Bereiche und nehmen sie dankbar an.

Vorbereitung

- Nehmen Sie den nachfolgenden Text auf eine Kassette oder andere Aufnahmemedien auf oder lassen Sie ihn sich von einer lieben Person vorlesen.
- Lassen Sie im Hintergrund leise Entspannungsmusik laufen.

Durchführung

- Zwischen jeder Anweisung sollten zirka 10 Sekunden Pause sein.

- Setzen Sie sich entspannt in Ihre Meditationshaltung.
- Schließen Sie die Augen.
- Atmen Sie ruhig ein und aus.
- Entspannen Sie alle Muskeln Ihres Körpers.
- Entspannen Sie nach und nach Ihre gesamte Beinmuskulatur: Zehen, Fußgelenke, Waden, Oberschenkel.
- Entspannen Sie den Gesäß- und Genitalbereich.
- Entspannen Sie die Bauchmuskulatur.
- Die Schultern hängen entspannt herab.
- Der Kiefermuskel ist entspannt, dabei öffnet sich leicht der Mund.
- Halten Sie Ihren Kopf aufrecht. Der Kopf soll mit möglichst wenig Muskelkraft auf dem Hals gehalten werden.
- Atmen Sie ruhig und gleichmäßig durch die Nase ein und aus.
- Machen Sie jetzt gedanklich eine Reise durch Ihren Körper, bei der Sie entspannt die unterschiedlichen Bereiche wahrnehmen.
- Konzentrieren Sie alle Gedanken auf die nachfolgend genannten Körperteile.
- Fühlen Sie
  - Ihre Fußsohlen,
  - Ihre Zehen,
  - Ihre Fußrücken,
  - Ihre Fußgelenke.

- Spüren Sie
  - Ihre glatten Schienbeine,
  - Ihre entspannten Waden,
  - Ihre Kniegelenke,
  - Ihre großen, schweren Oberschenkelknochen,
  - Ihre Oberschenkelmuskulatur.
- Konzentrieren Sie sich jetzt ganz auf Ihre Beine.
- Seien Sie dankbar dafür, dass Ihre Beine Sie 20/30/40/50/... Jahre Ihres Lebens getragen haben.
- Fühlen Sie Ihr Gesäß, auf dem Sie jetzt weich und bequem sitzen.
- Spüren Sie
  - Ihr Becken und die Hüftgelenke,
  - Ihre entspannten Muskeln im Gesäß- und Genitalbereich,
  - Ihren entspannten Bauch
  - und wie Ihr Atem die Bauchdecke hebt und senkt,
  - Ihren Brustkorb, wie er sich hebt und senkt.
- Gehen Sie gedanklich zu den Schultern.
- Entspannen Sie den Schulterbereich und lassen Sie die Schultern nach unten hängen.
- Spüren Sie Ihren Nacken.
- Gehen Sie gedanklich vom Nacken bis zum höchsten Punkt Ihres Kopfes.
- Fühlen Sie die Kopfhaut bis hinunter zur Stirn. Darunter befinden sich Ihre geistigen Kräfte und die Steuerzentrale für alle Funktionen Ihres Körpers.

- Seien Sie dankbar dafür, dass diese Zentrale all Ihre Körperfunktionen 20/30/40/50/... Jahre Ihres Lebens sicher gesteuert hat.
- Konzentrieren Sie sich auf Ihre entspannten Arme.
- Spüren Sie
  - Ihre Oberarmmuskeln,
  - Ihre Ellbogen,
  - Ihre Unterarme,
  - Ihre Handgelenke,
  - Ihre Hände (Handrücken, Handinnenflächen),
  - Ihre Finger.
- Seien Sie dankbar für Ihre Hände, mit denen Sie so viele Tätigkeiten ausführen können.
- Nehmen Sie Ihre geschlossenen Augenlider wahr.
- Konzentrieren Sie sich auf die Lichtmuster, die Sie auf Ihren Augenlidern sehen.
- Erinnern Sie sich an einen schönen Augenblick,
  - einen ersten Blickkontakt zu einem lieben Menschen,
  - ein erstes Lächeln,
  - eine schöne Landschaft,
  - ein schönes Gemälde.
- Konzentrieren Sie sich auf Ihre Nase, mit der Sie ruhig ein- und ausatmen.
- Erinnern Sie sich an einen besonders wohltuenden Geruch.
- Fühlen Sie die Stelle, an der die Atemluft Ihre Nase erstmals berührt.

- Der Atem begleitet Sie durch Ihr ganzes Leben.
- Über ihn haben Sie Kontakt zur Außenwelt, zu allen Wesen, zum ganzen Universum.
- Gehen Sie jetzt gedanklich zu Ihrem Mund.
- Entspannen Sie weiter den kräftigsten Muskel Ihres Körpers: den Kiefermuskel. Der Mund öffnet sich dabei leicht.
- Der Mund ist für Sie lebenswichtig durch seine vielfältigen Funktionen.
- Konzentrieren Sie sich auf Ihre Lippen.
- Konzentrieren Sie sich zum Abschluss auf Ihre Ohren.
- Nehmen Sie die Musik im Hintergrund bewusst wahr.
- Wenn Sie an eine höhere Macht glauben, dann danken Sie dieser für Ihren Körper.
- Wenn Sie nicht an eine solche Macht glauben, dann danken Sie der Natur oder Ihren Eltern für Ihren Körper.
- Denken Sie daran, dass Ihr Körper nicht von Ihnen geschaffen wurde, sondern ein Geschenk ist.
- Nehmen Sie dieses Geschenk dankbar an.
- Nehmen Sie sich vor, mit ihm achtsam umzugehen. Sagen Sie sich:
  - Ich halte mich körperlich und geistig fit.
  - Ich ernähre mich gesund und ausgewogen.
  - Ich verzichte auf Drogen.
  - Ich nehme Genussmittel maßvoll zu mir.

- Ich werde Arbeitsbelastung nur so weit zulassen, dass sie mich nicht krank macht und mir genügend Zeit für die wirklich wichtigen Dinge im Leben übrig bleibt.

- Beenden Sie nun diese Meditation.
- Kommen Sie gedanklich wieder in diesen Raum zurück, ohne die Augen zu öffnen.
- Bewegen Sie Ihre Finger, Hände, Unterarme.
- Heben und senken Sie Ihre Schultern.
- Strecken Sie Ihren ganzen Körper.
- Öffnen Sie langsam Ihre Augen.
- Nehmen Sie Ihre Umwelt wieder wahr.
- Denken Sie noch einmal kurz über den Meditationsinhalt nach.

Beantworten Sie sich die nachfolgenden Fragen:

- War ich mit meinen Gedanken ganz bei meinem Körper?
- Welche Signale gab mir mein Körper?
- Welche Gedanken, Empfindungen und Gefühle löste diese Meditation in mir aus?
- Konnte ich dankbar sein?
- Habe ich mich wohl gefühlt?
- War ich wohlwollend mir selbst gegenüber?
- Welche neuen Erfahrungen habe ich gemacht?
- Was werde ich das nächste Mal anders machen?

Beenden Sie jetzt die Meditation und erheben Sie sich von Ihrem Meditationsplatz. Machen Sie einige bewusste Schritte und nehmen Sie Kontakt zur Umgebung auf.

Dankbarkeit macht das Leben erst reich.
Dietrich Bonhoeffer

Übung 24
Meditation über Freundlichkeit und Wohlwollen

(zirka 30 Minuten)

Übung

Mit dieser Meditation gelangen Sie zu einer positiven Einstellung zu sich selbst, zu Ihren Mitmenschen und allen Mitgeschöpfen. Dies gilt auch für Menschen, die Ihnen unfreundlich begegnen oder Ihnen sogar feindlich gesinnt sind. Mit dieser Meditation wirken Sie auch negativen Gedanken entgegen und befreien sich damit von deren negativen und oft krank machenden Folgen.
Diese geführte Meditation entspricht weitgehend der buddhistischen Meditation über Freundlichkeit und liebende Güte (*Metta-Meditation*).

Vorbereitung

- Nehmen Sie den nachfolgenden Text auf eine Kassette oder andere Aufnahmemedien auf oder lassen Sie ihn sich von einer lieben Person vorlesen.

- Lassen Sie im Hintergrund leise Entspannungsmusik laufen.
- Diese Meditation besteht aus neun Abschnitten:
  - *Phase 1:* Sie bringen sich in einen entspannten und gesammelten Geistes- und Körperzustand.
  - *Phase 2:* Entwickeln Sie Freundlichkeit für sich selbst.
  - *Phase 3:* Entwickeln Sie Freundlichkeit für einen Menschen, den Sie mögen.
  - *Phase 4:* Entwickeln Sie Freundlichkeit für eine Person, die Ihnen gleichgültig ist.
  - *Phase 5:* Entwickeln Sie Freundlichkeit für eine Person, die schwierig oder Ihnen vielleicht sogar feindlich gesinnt ist.
  - *Phase 6:* Entwickeln Sie Freundlichkeit für alle Menschen auf der Welt.
  - *Phase 7:* Entwickeln Sie Freundlichkeit für alle Lebewesen auf dieser Welt.
  - *Phase 8:* Entwickeln Sie Freundlichkeit für alle Geschöpfe des Universums.
  - *Phase 9:* Rückholphase.

Durchführung

- Zwischen jeder Anweisung sollten zirka 10 Sekunden Pause sein.
- Sitzen Sie entspannt in Ihrer Meditationshaltung.
- Schließen Sie die Augen.

- Atmen Sie ruhig ein und aus.
- Entspannen Sie Ihren ganzen Körper.

Phase 1

- Bringen Sie sich in einen entspannten und gesammelten Geistes- und Körperzustand.
- Nehmen Sie 6 tiefe Atemzüge (atmen Sie immer durch die Nase ein).
- Beeinflussen Sie danach Ihren Atem nicht mehr mit Ihrem Willen.
- Lassen Sie Ihren Atem frei fließen.
- Begleiten Sie gedanklich die Ein- und Ausatemphase mit dem Wort »Ru – he«.
- Sitzen Sie still und beruhigen Sie Ihre Gedanken.
- Folgen Sie den Ausführungen der Phasen 2 bis 9.

Phase 2

- Richten Sie Ihre Aufmerksamkeit ganz auf sich.
- Nehmen Sie die Gefühle und Empfindungen wahr, die jetzt in Ihnen sind.
- Nehmen Sie sich so an, wie Sie sind.
- Seien Sie wohlwollend und freundlich sich selbst gegenüber.
- Unterstützen Sie diese Gefühle und Empfindungen durch einen Satz, den Sie zu sich selbst sprechen:
  - Ich will glücklich sein.
  - Es soll mir gut gehen.
  - Ich will in Frieden leben.

- Lassen Sie Ihr Wohlwollen, Ihre Freundlichkeit und Ihre Zuversicht immer stärker werden.
- Spüren Sie diese Gefühle und Empfindungen und erlauben Sie ihnen, sich mehr und mehr auszubreiten.

Phase 3

- Richten Sie Ihre Aufmerksamkeit nun auf einen Menschen, den Sie mögen, der Ihnen lieb und sympathisch ist – einen guten Freund oder eine gute Freundin.
- Konzentrieren Sie Ihre Gedanken ganz auf diese Person.
- Stellen Sie sich diese Person so vor, als ob sie jetzt hier mit Ihnen zusammen wäre.
- Spüren Sie ihre Gegenwart.
- Nehmen Sie die Person aufmerksam wahr.
- Betrachten Sie sie voller Wohlwollen und Freundlichkeit.
- Lassen Sie diese positiven Gefühle immer stärker und stärker werden.
- Wünschen Sie diesem Menschen Glück, Zufriedenheit, Gesundheit und Wohlstand.
- Vielleicht können Sie sich vorstellen, wie diese Person etwas Schönes erlebt, sich freut und sehr glücklich ist.
- Nehmen Sie Anteil an ihrer Freude.
- Wünschen Sie dieser Person von ganzem Herzen:

- Es soll dir gut ergehen.
- Du sollst glücklich sein.
- Du sollst in Frieden leben.

- Lassen Sie jetzt die Vorstellung von dieser Person allmählich schwächer werden.
- Spüren Sie aber weiterhin die Freundlichkeit und Großzügigkeit in Ihrem Herzen.

Phase 4

- Konzentrieren Sie sich jetzt gedanklich auf einen Menschen, der Ihnen eher gleichgültig ist, den Sie aber gut genug kennen und den Sie sich vor Ihrem geistigen Auge vorstellen können.
- Bleiben Sie mit Ihrer Wahrnehmung ganz bei dieser Person.
- Betrachten Sie diese Person mit Wohlwollen und Freundlichkeit.
- Lassen Sie diese positiven Gefühle immer stärker und stärker werden.
- Wünschen Sie dieser Person von ganzem Herzen:
  - Es soll dir gut ergehen.
  - Du sollst glücklich sein.
  - Du sollst in Frieden leben.
- Lassen Sie jetzt die Vorstellung von dieser Person allmählich schwächer werden.
- Spüren Sie aber weiterhin die Freundlichkeit und Großzügigkeit in Ihrem Herzen.

Phase 5

- Konzentrieren Sie sich jetzt gedanklich auf einen Menschen, den Sie eher schwierig finden.
- Vielleicht ist es jemand, der Sie irritiert, ärgert oder mit dem Sie in Streit leben.
- Vielleicht lassen Sie diese Person in Ihrer Vorstellung noch weiter auf Abstand gehen, sodass Sie sie ruhig und gelassen betrachten können.
- Konzentrieren Sie Ihre Gedanken ganz auf diese Person, ohne Ablehnung zu empfinden.
- Versuchen Sie, alle Gefühle von Feindseligkeit und Ablehnung in den Hintergrund treten zu lassen.
- Machen Sie sich aber nichts vor, wenn es schwierig ist und Ihnen nicht gleich gelingt.
- Falls Ihre negativen Gefühle zu stark sind, dann rücken Sie diese Person gedanklich noch weiter von sich weg und verhalten sich neutral.
- Lassen Sie sich durch die Wahrnehmung dieser Person nicht irritieren oder negativ beeinflussen.
- Versuchen Sie, die positiven Gefühle von Freundlichkeit und Großzügigkeit aufkommen zu lassen.
- Auch diese Person will glücklich, zufrieden, gesund und erfolgreich sein.
- Auch dieser Person soll es gut ergehen.
- Auch diese Person soll in Frieden leben und glücklich sein.
- Lassen Sie jetzt die Vorstellung von dieser schwierigen Person allmählich schwächer werden.

- Spüren Sie weiterhin die Freundlichkeit und Großzügigkeit in Ihrem Herzen.

Phase 6

- Stellen Sie sich nun vor, dass Sie und all diese Menschen zusammen sind.
- Sie selbst, die Person, die Sie mögen, die Person, die Ihnen eher gleichgültig ist, und die Person, die Sie eher ablehnen.
- Erlauben Sie Ihrem Wohlwollen und Ihrer Freundlichkeit, für all diese Personen mit gleicher Kraft da zu sein.
- Machen Sie sich aber nichts vor, wenn es schwierig ist und Ihnen noch nicht gleich gelingt.
- Jede dieser Personen soll die Möglichkeit haben, ihr Leben zu meistern.
- Lassen Sie Ihr Wohlwollen sich weiter und weiter ausbreiten und auch zu allen anderen Menschen Zugang finden.
- Zu den Menschen in dem Haus, in dem Sie wohnen, zu den Menschen in Ihrer Nachbarschaft, an Ihrer Arbeitsstelle, in Ihrer Stadt, in Ihrem Land.
- Mögen alle Menschen dort zufrieden, glücklich und gesund sein.
- Mögen junge und alte Menschen, Gesunde und Kranke, Arme und Reiche, Menschen mit guten und schlechten Eigenschaften, schöne und hässliche, alle zufrieden, glücklich und gesund sein.

- Ziehen Sie immer weitere Kreise und schließen Sie immer mehr Menschen in Ihr Wohlwollen und Ihre Freundlichkeit mit ein.
- In allen Ländern und Erdteilen.
- Auf der ganzen Welt.
- Schenken Sie der Welt ein Lächeln, hier und jetzt.

Phase 7

- Schließen Sie auch alle anderen Lebewesen, die glücklich und zufrieden sein können, mit in Ihr Wohlwollen ein.
  - Möge es ihnen gut ergehen.
  - Mögen sie glücklich sein.
  - Mögen sie in Frieden leben.

Phase 8

- Schließen Sie alle lebenden Wesen des Universums in Ihre Freundlichkeit und Ihr Wohlwollen mit ein, auch wenn Sie von deren Existenz noch nichts wissen.
  - Möge es ihnen gut ergehen.
  - Mögen sie glücklich sein.
  - Mögen sie in Frieden leben.

Phase 9

- Bringen Sie nun ganz allmählich diese Meditation zu Ende, mit dem Wissen und der Erfahrung, dass Sie jedem Menschen, jedem Wesen, mit dem Sie in Berührung kommen oder den oder das Sie aus der Ferne wahrnehmen, mit Freundlichkeit und Offenheit begegnen können.
- Halten Sie die Augen noch geschlossen.
- Kehren Sie gedanklich langsam wieder in den Raum zurück.
- Machen Sie einige tiefe Atemzüge. Reiben Sie sich sanft die Augen und öffnen Sie sie.
- Nehmen Sie Blickkontakt zu Ihrer Umgebung auf.
- Denken Sie noch einmal kurz über den Meditationsinhalt nach.

Beantworten Sie sich die nachfolgenden Fragen:

- War ich mit meinen Gedanken ganz auf mich, die Personen und Wesen konzentriert?
- Welche Gedanken, Empfindungen oder Gefühle löste diese Meditation in mir aus?
- Habe ich mich wohl gefühlt?
- War ich wohlwollend mir selbst gegenüber?
- Welche neuen Erfahrungen habe ich gemacht?
- Was werde ich das nächste Mal anders machen?

Beenden Sie jetzt die Meditation und erheben Sie sich von Ihrem Meditationsplatz. Machen Sie einige bewusste Schritte und nehmen Sie Kontakt zur Umgebung auf.

Wenn der Geist still und kristallklar ist,
erzeugt er ein Gefühl der grenzenlosen Freundlichkeit
und Liebe, das die ganze menschliche und
außermenschliche Welt umfasst.
Pantanjali

Übung 25
Meditation »Gedankenstille«

(zirka 30 Minuten)

Übung

Als Abschluss dieser Meditationsreihe können Sie ohne Betrachtungsgegenstand zirka 30 Minuten lang in der Gedankenstille verweilen. Wenn es Ihnen angenehm ist, dann können Sie im Hintergrund leise, entspannende Meditationsmusik laufen lassen. Wenn ein Gedanke die Gedankenstille stört, dann halten Sie ihn nicht fest, sondern lassen ihn weiterziehen.

Vorbereitung

- Nehmen Sie Ihre Meditationshaltung ein.
- Schließen Sie die Augen.
- Nehmen Sie einige tiefe Atemzüge.
- Atmen Sie danach ruhig ein und aus.
- Nehmen Sie wahr, wie Ihr Atem Sie immer tiefer in die Entspannung führt.
- Lassen Sie alle Anspannung los.
- Lassen Sie alle Gedanken los.

Durchführung

- Tun Sie nichts, außer zu sitzen.
- Denken Sie an nichts.
- Sitzen Sie nur in der Stille.
- Wenn sich Gedanken einstellen, dann versuchen Sie, immer wieder sanft zur Gedankenstille zurückzukehren.
- Seien Sie liebevoll und geduldig mit sich selbst.

Die größte Offenbarung ist die Stille.
Laotse

Schlusswort

Wenn Sie die Meditationen dieses Buches regelmäßig geübt haben, dann haben Sie viele Anfangsschwierigkeiten überwunden. Sie haben bewiesen, dass Sie einen langen, schwierigen Weg geduldig gehen und ein hohes Ziel erreichen können. Dazu gratuliere ich Ihnen herzlich.
Sie haben folgende Fähigkeiten erlernt:

- Sie können eine bequeme und entspannte Meditationshaltung einnehmen und in ihr verweilen.
- Sie können sich auf das Objekt der Meditation konzentrieren.
- Sie können im Hier und Jetzt verweilen.
- Sie können Ihre Gedanken zur Ruhe bringen.
- Sie können tiefe Einsichten über sich selbst oder das Meditationsobjekt erlangen.

Sie haben bereits so viel Meditationserfahrung gesammelt, dass Sie eine traditionelle Meditationspraxis ausführen können. Sollten Sie nicht den Wunsch haben, sich einer bestimmten Tradition anzuschließen, können Sie die in diesem Buch beschriebenen Meditationen variieren und weiter für sich nutzen.

Dazu wünsche ich viel Freude und persönlichen Nutzen.

Von Tag zu Tag wächst in mir die Erfahrung,
dass durch Schweigen alles erreichbar wird.
Mahatma Gandhi

Sollten Sie an einem Einführungskurs zur Meditation interessiert sein, so teilen Sie mir dies bitte über die unten genannte Adresse mit. Die Kurse finden an zwei Tagen, zum Beispiel an einem Wochenende, in einem ruhigen, naturnah gelegenen kleinen Ort in der Eifel statt.

Erich-Peter Kirschner
Tulpenweg 17
56729 Baar-Wanderath
Tel.: 02656 950188

Weiterführende Buch- und CD-Hinweise

Bücher

- Paul Wilson: Zur Ruhe kommen, ISBN 3-499-60533-3
- Osho: Das orangene Buch, ISBN 3-925205-36-5
- Barry Long: Meditation. Grundlagenkurs, ISBN 3-926257-29-6
- David Fontana: Kursbuch Meditation, ISBN 3-596-13098-0
- Almuth und Werner Huth: Handbuch der Meditation, ISBN 3-466-20415-1
- Patricia Carrington: Das große Buch der Meditation, ISBN 3-502-67001-3
- Silvia Ostertag: Einswerden mit sich selbst, ISBN 3-478-03620-8
- Diana Salton: Bewusster leben, ISBN 3-478-03020-X
- Franz Theo Gottwald und Wolfgang Howald: Selbsthilfe durch Meditation, ISBN 3-478-03640-2
- Roy Eugene Davis: Meditation als Lebenshilfe, ISBN 3-478-03250-4
- Karlfried Graf Dürckheim: Meditieren – wozu und wie, ISBN 3-451-04158-8

- Hugo M. Enomiya-Lassalle: Kraft aus dem Schweigen, ISBN 3-545-20145-7
- Anthony Matthews: Meditation. Der buddhistische Weg zu Glück und Erkenntnis, ISBN 3-929447-03-7

CDs

Geführte Meditationen:

- Dharmachari Dhammaloka: Metta Bhavana, die buddhistische Meditation über Freundlichkeit und Liebe, ISBN 3-929447-05-3
- Shantipada: Anapana-Sati, die buddhistische Atemmeditation, ISBN 3-929447-04-5
- Ayya Khema: Dem eigenen Herzen begegnen, ISBN 3-931274-29-2
- Erhard F. Freitag: Positiv Denken, ISBN 3-89647-036-1

Aktive Meditationen:

- Osho/Deuter: Kundalini, ISBN 3-931254-00-3
- Anando Würzburger: Hara-Meditation, ISBN 3-936360-02-2

Entspannungsmusik:

- Reiner Lange: Meditation, ISBN 3-931721-20-5
- Arnd Stein: Romantik, ISBN 3-89326-922-3
- Arnd Stein: Elemente, ISBN 3-89326-923-1
- Arnd Stein: Jahreszeiten, ISBN 3-89326-924-X

- Arnd Stein: Am Meer, ISBN 3-89326-925-8
- Merli's Magic: Reiki, ISBN 3-89385-735-4
- Merli's Magic: Reiki – The light Touch, ISBN 3-89385-773-7
- Merli's Magic: The Heart of Reiki, ISBN 3-89385-933-0
- Deuter: Reiki – Hands of Light, ISBN 3-931254-92-5
- Thors: Harmonic Instrumental Music For Tai Chi, Yoga, Qi Gong, EN 28051984-722
- Gomer Edwin Evans: Instrumental Music for Relaxing and Inner Beauty, EN 28051984-487

Der Autor

Erich-Peter Kirschner, geboren 1947, arbeitete über zwanzig Jahre lang in der Personalentwicklung eines großen Energieversorgungsunternehmens. Als Seminarleiter, Moderator und Trainer hat er neben der technischen Weiterbildung immer auch die persönliche und körperliche Weiterentwicklung der Mitarbeiter gefördert. Er beschäftigt sich seit vielen Jahren mit den Themenbereichen Körperarbeit, Körperwahrnehmung, Körpertraining, Entspannungstechniken, Mentaltraining und Meditation.

Er hat langjährige Meditationserfahrung und weit

reichende Kenntnisse über die verschiedenen Meditationsarten und -traditionen. Regelmäßig veranstaltet er Meditationsseminare, auf deren Grundlage dieses Buch entstanden ist. Bei seiner Seminararbeit liegt der Schwerpunkt darauf, Menschen im heutigen westlichen Alltag die gesundheitlichen und persönlichkeitsfördernden Vorzüge der Meditation nahe zu bringen und möglichst viele praktische Hinweise für ein anhaltendes Meditationserlebnis zu geben.
Als Reiki-Meister/-Lehrer bildet er alle Grade dieser alten, ursprünglich aus Tibet stammenden und in Japan zu einem »System der natürlichen Heilung« geformten Behandlungsmethode aus.